NEW RICH ROAD

아시안하이웨이 2

NEW RICH ROAD
아시안하이웨이 2

• 매일경제 아시안하이웨이팀 지음 •

매일경제신문사

머리말

아시안하이웨이 2차 여정은 2011년 9월 25일 시작됐다. 방글라데시, 인도, 파키스탄, 이란, 터키 등 5개국을 달리는 일정이었다. 이들 국가는 한국인에게 아직은 먼 나라로 인식되고 있으며, 취재팀에게도 마찬가지였다. 인종, 언어, 종교, 생활습관 등이 아시아 동쪽 끝에 자리 잡은 한국과는 전혀 다른 모습이기 때문이다.

방글라데시, 파키스탄, 이란, 터키는 이슬람의 땅이다. 이슬람은 종교임과 동시에 그곳에서 사는 사람들의 철학, 예술 등을 망라하는 사상체계이기도 하다. 그들의 사고와 오랫동안 유교, 불교의 문화 속에서 살아온 한국인들 간의 차이는 클 수밖에 없다.

인도는 종교의 나라답게 힌두교, 불교, 시크교, 자이나교 등이 태동한 곳이다. '윤회'를 믿고 현세에 연연하지 않는 그들의 삶의 방식은 때로는 신비스럽게 비치기도 하고 때로는 답답하게 비쳐지기도 한다. 워낙 복잡 다양하기에 인도를 한 달 여행한 사람은 책을 한 권 쓰지만, 5년 혹은 10년을 산 사람은 글을 한 줄도 쓰지 못한다는 얘기가 있을 정도다.

이처럼 이질감이 느껴지는 남아시아와 중동 지역이지만 그래도 아

4

시아는 아시아였다. 합리성을 강조하며 계산적인 서구인들과 달리, 그들에게는 정(情)이 느껴졌다. 특히 테러(파키스탄)와 핵개발(이란) 등으로 세계인들에게 참 불안한 나라라는 이미지로 비쳐진 국가들에서도 여정은 순탄했다. 그들도 과거 여기저기 떠돌던 유목민의 후예인 까닭인지, 천상 나그네일 수밖에 없는 취재팀에게 지극히 친절했다.

남아시아와 중동의 풍광도 아름다웠다. 인도의 힌두스탄평원은 산이 거의 없는 들판이 2,000km 이상 펼쳐져 있는 반면, 우뚝 솟은 히말라야는 경외감을 느끼게 했다. 건조한 기후이지만 수천 년 전부터 발달된 관개수로로 인해 곡창지대로 변신한 파키스탄의 펀잡평원에서는 찬란한 고대문명인 인더스문명의 자취를 볼 수 있었다. 이란의 수많은 고대 유적과 터키 동부의 이국적인 풍경도 인상적이었다. 여기에 이란 북부지역과 터키 동부지역은 겨울이면 눈이 내리는 지역이다. 이란-터키 국경을 지날 때는 영하 10도 이하로 떨어지는 추위를 겪었다. 오랫동안 지녀온 '열사의 땅, 중동'이라는 인식이 깨지는 순간이었다.

아시안하이웨이 2차 여정은 터키의 서쪽 끝, 불가리아와 국경을 맞대고 있는 카피큘레에서 마무리됐다. 약 40일의 여정 동안 취재팀 전원이 큰 사고 없이 무사히 여행을 마칠 수 있었던 것은 아무래도 현지에서 만난 사람들의 도움 덕분이라 생각된다. 아시아의 동쪽 끝에서 왔다고 하니 힌두교 화장의식에 대해 자세히 설명해준 인도 바라나시의 청년, 사진 촬영을 도와준 파키스탄 로타스포트의 청소년들, 한사코 집으로 초대하고 싶다는 이란 잔잔의 여학생들, 집안을 보여주며 커피를 대접해준 터키 마르딘의 시마이네 가족 등이 기억에 떠오른다. 그들에게 감사의 마음을 전하고 싶다.

이번 여정에도 도움을 준 분들이 참 많았다. 장대환 매일경제신문·MBN 회장, 이유상 부회장, 장용성 부사장, 김세형 주필, 박재현 편집국장, 전병준 편집국 국차장, 손현덕 부국장 등 매일경제신문 가족들은 꾸준히 아낌없는 후원과 지지를 보내줬다. 여정을 같이 한 팀원(박만원·이충우·김호영·이유진 기자)들에게도 고마움을 표시하고 싶다. 조태영 주 방글라데시 대사, 최충주 주 파키스탄 대사, 박재현 주 이란 대사, 이상규 주 터키 대사 등은 취재팀에게 현지의 알짜 정보를 아낌없이 들려줬다. 코트라와 현대차, LG, SK, CJ, 대우건설, 대림산업, 수자원공사, 효성 등 현지에서 땀을 흘리며 한국의 위상을 높이는 많은 기업인들도 여러 가지 도움을 주었기에 지면을 빌려 감사를 드리고 싶다.

《NEW RICH ROAD 아시안하이웨이2》는 방글라데시, 인도, 파키스탄, 이란, 터키의 정치·경제·사회·문화 등을 다방면으로 다루고 있다. 비록 책의 분량 때문에 좋은 콘텐츠를 듬뿍 실을 수는 없지만 나름 독자들이 정보와 재미를 함께 느낄 수 있도록 구성했다. 그 와중에 빠진 내용이나 잘못된 경제데이터 등도 있을 수 있으니, 이는 모두 팀장의 세심함과 꼼꼼함이 부족한 탓으로 이해해줬으면 싶다. 아무쪼록 이 책이 아시아에 관심이 높은 젊은이들과 아시아로 진출하려는 기업인들에게 조그마한 도움이라도 된다면 더 이상 바랄 나위가 없다는 게 개인적인 바람이다.

매일경제 아시안하이웨이팀 팀장

김상민

CONTENTS • •

03 인도

06 터키

01

젊다면
꼭 한 번 도전해보라

아시안하이웨이

아시안하이웨이 2차 여정의 지역은

남아시아: 방글라데시, 인도, 파키스탄

남아시아는 인도, 파키스탄, 방글라데시, 스리랑카, 네팔 등을 포함한 지역이다. 중국과 단절돼 있으며 동남아시아 중동과도 민족, 언어, 문화, 종교 등에서 매우 이질적인 모습을 보인다. 왜 그럴까?

독일의 기상학자 알프레트 베게너는 1912년 '대륙이동설'을 내놓으며, 세계 대륙이 과거에 하나로 연결돼 있다고 주장했다. 거대한 대륙 판게아가 중생대(약 2억 2500~6500만 년 전) 동안 나눠지기 시작했다는 것. 분리된 대륙은 남반구의 곤드와나(Gondwana) 대륙과 북반구의 로라시아(Laurasia) 대륙이라는 이름이 붙었다. 곤드와나는 현재 남아메리카, 아프리카, 인도, 오스트레일리아, 남극대륙을 합친 지역을 일컫는다. 오스트리아 지질학자 에두아르트 주에스가 인도 중부 곤드와나 지역의 고생대 후기와 중생대 지층에 나타나는 지질학적 특징이 같은 시대의 다른 대륙에서 나타나는 지질학적 특징과 몇 가지 공통점이 있음을 발견하고 나서 붙인 이름이다.

곤드와나 대륙설은 점차 관심에서 멀어지다가 1960년대에 해령(海嶺)으로부터 해저(海底)확장이 일어난 증거가 밝혀짐으로써 입증되었다. 곤드와나 대륙이라는 용어는 많이 인용되지 않지만, 현재 대륙들이 과거 초대륙(판게아)에서 분리·이동했다는 개념은 널리 받아들여지고 있다.

그래서였는지 곤드와나였던 인도대륙은 지형적으로 로라시아였던 다른 아시아권과 격리돼 있다. 북쪽으로는 히말라야와 캐라코람산맥, 티벳고원과 파미르고원에 의해 중국, 중앙아시아 등과 분리돼 있다. 만년설로 뒤덮인 산이 가로막으니 예전부터 거의 접촉이 불가능했다. 히말라야와 캐라코람산맥은 과거 곤드와나에서 분리된 인도대륙이 북쪽으로 밀고 올라와 중국·중앙아시아 대륙과 부딪힌 결과물로 해석된다. 히말라야는 고대 산스크리트어로 눈을 뜻하는 히마(Hima)와 거처를 뜻하는 알라야(Alaya)가 결합된 말이다. 지난 150만 년 동안 1,500m 이상 융기했다고 하며, 지금도 매년 0.5㎝씩 올라가고 있다는 얘기도 있다.

인도대륙은 인도·방글라데시 동쪽에 위치한 '파트카이산맥과 라카인산맥'에 의해 미얀마와 접촉이 힘들게 되어 있다. 이곳 고산지대에는 독립을 원하는 소수민족이 많이 살고 있어 접근이 쉽지 않다. '아시안하이웨이 1번 도로'도 미얀마 만달레이에서 인도 아셈지방의 임팔로 이어지도록 계획되어 있으나, 산이 높고 소수민족이 많은 관계로 도로 자체가 좁고, 이용하는 사람도 많지 않으며, 외국인의 출입도 통제되고 있는 상황이다.

인도대륙의 서쪽에는 파키스탄이 있고, 그 서쪽으로는 이란과 아프카니스탄이 자리잡고 있다. 파키스탄과 이란·아프카니스탄 사이에는 산맥이 높은데, 이는 북쪽 힌두쿠시산맥이 나뉜 갈래가 남서쪽으로 달린 결과다.

이처럼 인도대륙이 외부와 지형적으로 단절되다 보니 역사가 전혀 달랐고, 이는 정치·경제·사회·문화측면에서 다른 결과를 낳았다. 대표적인 것은 언어이다. 인도대륙의 언어는 인도의 고대 언어인 산스크리트어와 연결된다. 힌두교, 불교, 자이나교의 경전이 산스크리트어로 되어 있는데, 한자 문화권에서는 범어(梵語)라고 얘기한다. 죽은 언어로 알고 있지만 아직도 학교에서 읽고 쓰는 법을 가르치며 일부 브라만 계층은 모국어로 쓰고 있기도 한다.

산스크리트어에서 파생된 게 방글라데시와 인도 서벵골지역에서 쓰는 벵골어, 인도 북부에서 쓰는 힌두어, 파키스탄 공용어인 우르두어 등으로 매우 많다. 싱가포르도 산스크리트어로 '사자(Singha)'와 '항구(Pura)'가 합쳐져 이뤄진 것이며, 몰다이브(Maldives)는 산스크리트어로 '화관'을 뜻한다고 할 만큼 고대 인도언어인 산스크리트어는 주변지역에도 큰 영향을 끼쳤다.

언어의 여파는 인도대륙의 여러 나라 화폐 단위에도 남아 있다. '루피(Rupee)'는 현재 인도, 파키스탄, 스리랑카, 네팔의 환폐단위다. 돈의 모양도 다르고 환율과 보조통화 단위도 다르지만 일반적으로 돈을 단위로 계산할 때는 모두 루피를 붙인다. 루피는 '은(銀)'을 나타내는 산스크리트 '루피아'에서 유래한다. 16세기 중반에 수르 왕조를 세운 세르샤가 처음 사용했다는데, 최초의 루피는 은화였다. 1루피당 각국의 보조통화 단위는 인도 100파이제(Paise), 파키스탄 100파이제(Paise), 스리랑카 100센트(Cent), 네팔 100파이스(Pice)로 되어 있다. 돈의 단위에서 이들 국가가 한 문화권임을 쉽게 엿볼 수 있다.

인도대륙에는 선주민인 드라비다족이 있었으며, 나중에 아리안족이 침입해와 선주민과 섞이면서 현재 인도 대륙인을 형성했다고 전해진다. 그런 탓인지 아리안족이 침입한 경로인 아프카니스탄 쪽에 가까울수록 피부가 하얗고 얼굴도 '인도유럽어족'처럼 윤곽이 뚜렷하다. 반면 남쪽 스리랑카 방면, 동쪽 방글라데시 방면으로 갈수록 피부색은 다소 검어지는 경향이 있다.

그밖에 먹는 음식과 사리 등도 비슷하다. 사리는 인도의 여성들이 입는 민속 의상으로 방글라데시와 파키스탄에서도 눈에 많이 띈다. 재단한 의복이 아니고 한 장의 긴 천을 허리에 감고, 어깨에 두르거나 머리에 덮어씌워 입는다. 종교의 경우 외래종교인 이슬람이 파키스탄과 방글라데시에 자리 잡고 있지만, 그래도 인도에서는 전통 종교인 힌두교가 굳건한 위치를 지키고 있다. 스리랑카는 불교의 요람이기도 하다.

서남아시아: 이란 터키

서남아시아는 '살람 알라이쿰(Salaam Alaykum, 평화가 함께 하기를)'의 땅이다. 이슬람교 일색인 이 지역에서 쿠란(이슬람 경전)의 언어, 즉 아랍어의 인사말이 모두 통하기 때문이다.

서남아시아는 명확한 지역명은 아니지만 대체로 인도대륙과 중앙아시아를 제외한 아시아의 남서부를 가리킨다. 터키, 이란, 아프카니스탄, 시리아, 레바논, 이스라엘, 요르단, 사우디아라비아, 바레인, 오만, 예멘, 쿠웨이트, 이라크 등이 포함되며 면적은 약 600만 ㎢이다. 한국에는 중동으로 많이 알려져 있으며 근동으로 불리기도 한다.

지중해 연안의 좁은 지대를 제외하면 대부분이 초원·사막지대다. 강변이나 해안, 오아시스 등을 중심으로 농업이 이뤄질뿐 유목(遊牧)이 거의 주된 생활양식이다. 티그리스강과 유프라테스강에서도 가늘고 기다란 오아시스로 볼 수 있으며, 지표수를 얻기 힘든 곳에서는 '지하수를 유도하는 시설(카나트)'을 활용한다. 석유가 최대 자원으로 세계의 이목이 늘 집중되는 곳이다.

한국인에게는 주로 '열사의 땅, 중동'으로 인식되고 있으나 터키 동북부나 이란 북부는 겨울에 몹시 춥다. 취재팀이 2011년 11월 말 이란의 수도 테헤란을 들러 터키 중부에 이르기까지 1주일이 넘도록 실컷 산에 쌓인 눈을 구경했다. 터키 동부는 영하 15~20도까지 떨어지는 경우도 많다.

아시아, 유럽, 아프리카의 3대륙이 만나는 지점인 만큼 동서문명의 교류지, 동서상품의 교환지로서 옛날부터 많은 교역도시가 발달했다. 특수한 위치를 탐내는 민족들이 침입해 들어오면서 역사와 민족 구성도 복잡해졌다.

인류 최초의 문명의 하나인 메소포타미아 문명이 발상한 이곳에는 바빌로니아, 앗시리아, 페르시아, 알렉산더제국, 셀레우코스왕조 등이 흥망을 거듭했다. 무함마드(571~632년)에 의해 이슬람교가 창시된 이후 이슬람세력의 주축이 되었으며, 이슬람 국가들은 그리스, 로마, 아시아의 문화 요소를 흡수해 독특한 사라센 문화를 형성했다. 그 후에도 셀주크투르크(11세기), 몽골(13세기), 티무르왕조(14~16세기) 등에 지배당했다. 소아시아에서 발흥한 오스만투르크제국(1299~1922년)은 1453년 비잔틴제국을 멸망시킨 후 20세기 초까지 이 지역의 절대강자 자리를 지켰다. 그러다가 20세기 초반 1·2차대전을 즈음하여 각국이 오스만투르크 지배에서 벗어나거나 서유럽 열강의 영향권에서 탈피하면서 오늘날 서남아의 지도를 형성하게 된다.

서남아시아의 주민은 아시아계·셈계·인도-게르만계로 크게 나눌 수 있다. 현재는 터키민족(터키), 이란민족(이란), 아랍민족(기타 중동국가) 등이 각자의 계통을 대표한다. 지중해와 흑해 사이에 돌출한 반도 지역인 소(小)아시아는 옛날부터 민족 이동의 길목이었기 때문에 많은 민족이 남아 있다.

bangladesh

방글라데시

Bangladesh

방글라데시

- 국명: 방글라데시 인민공화국(The People's Republic of Bangladesh)
- 국화: 수련
- 면적: 14만 7,570㎢
- 인구: 1억 6,000만 명(2011년, 주민등록이 정확하지 않아 통계 불확실)
- 기후: 겨울(11~2월) 여름(3~6월) 우기(7~10월)로 고온 다습한 열대성 기후
- 연평균 기온: 25~26도
- 연평균 강수량: 1,500~2,500mm
- 지형: 국토의 대부분이 해발 10m 이하. 우기에는 자연 범람으로 국토의 40%가량이 잠김. 해수면이 1.5m 올라가면 국토의 16%가 물에 잠길 것으로 추정
- 민족: 벵골인(98%) 외에 차크마, 모그, 봄, 미조 등 45개 소수민족 있음
- 종교: 이슬람(89.7%), 힌두교(9.2%), 불교(0.6%), 기독교(0.3%), 기타
- 수도: 다카, 그 외에 치타공, 쿨라, 라쟈히 등이 대도시임
- 화폐단위: 타카(Taka, 달러당 81.8타카)
- 국내총생산: 1,146억 달러(2011년), 1인당 GDP 716달러
- 시차: 한국보다 3시간 늦음
- 주요 자원: 농업 이외에 거의 없음. 쌀(주식), 차, 황마, 밀, 담배, 어업 등. 천연가스가 해안에서 생산되나 국내 수요를 대기에도 충분치 않고 전력부족이 심각

'바글바글' 방글라데시

방글라데시 가는 길

방글라데시를 가기 위해서는 일단 비행기를 타야 했다. '아시안하이웨이 1번 도로(AH1)'가 미얀마에서 인도 북동부 아삼지방을 거쳐 다카로 연결되는데, 미얀마 정부의 외국인 출입통제 등으로 인해 국경을 넘기가 힘들었기 때문이다. 그런 탓에 서울에서 태국, 방콕을 거쳐 다카로 향하는 비행기를 탔다.

방콕에서 다카까지는 비행기가 줄곧 서북방향으로 날아가게 된다. 미얀마 중부의 신행정수도 네피도 상공을 넘고 푸른 삼림지대를 통과하면 방글라데시 땅에 다다른다. 비행기에서 바라본 방글라데시는 도처에 강과 호수가 펼쳐져 있는 '물의 나라'였다. 국토의 대부분이 갠지스강과 브라마푸트라강이 이루는 충적지대인 만큼, 고도가 매우 낮은 탓이다. 시기가 9월 말이라서 그런지 우기 때 내린 비가 여기저기 고여

방글라데시로 가는 비행기 안에서 내려다본 다카 시외의 풍광. 국토가 낮은 탓인지 여기저기 물이 고여 있는 곳이 많다.

있는 모습이었다. 우기 때는 전 국토의 40%가 강물의 자연범람으로 잠긴다는데 그게 빈말은 아닌 듯 했다. 비행기도 수면 위로 바짝 나는 모습을 보이더니 다행히 공항은 잠기지 않았는지 큰 문제없이 착륙했다.

다카(하즈라트샤잘랄 공항)공항에 내린 시각이 낮 12시 10분인데, 일단 축축한 공기가 왠지 이국적이다. 낯선 이방인의 모습으로 일단 찾은 곳은 비자발급 창구였다. 취재팀은 서울에서 비자를 발급받지 못했기 때문이다.

일단 입국심사 창구로 들어서니 방글라데시인들이 오른쪽으로 길게 줄을 늘어서 있다. 비자가 필요한 방문객들이 비자를 발급받는 곳

지방공항처럼 초라한 외관의 다카 국제공항.

은 왼쪽에 있었는데 'Visa on Arrival(도착비자)'이라고 되어 있다. 한
참 줄을 서서 차례를 기다리는 한 40대 후반의 직원이 오더니 "비자가
필요하냐?"고 물어봤다. 그렇다고 했더니 바깥쪽에 있는 은행 창구로
데려가면서 비자 발급 수수료를 내라고 한다.

　그러더니 슬쩍 아래쪽에서 손을 내밀더니 귓속말로 "돈 좀 있으면
건네줘(I need extra money)"라고 말하는 게 아닌가. 과거 후진국을 다
녀본 경험이 있는 취재팀이 미리 준비하고 있던 터라, "오케이"라고
답하면서 슬쩍 지갑에서 50달러를 꺼냈다. 입국이 거절될 경우 모든
취재일정이 어그러지는 관계로 어쩔 수 없는 선택이었다. 이러한 '뒷
거래'의 효과는 확실했다. 나이 지긋한 직원은 다시 취재팀 3명을 입

국 심사창구로 데려가더니 온갖 편의를 모두 봐주는 것이었다. 그런 관계로 모든 입국절차는 정말 순식간에 끝났다.

나중에 방글라데시 현지인을 만나서 그런 에피소드를 들려줬더니 "너무 많이 줬어요. 20달러만 줬어도 되는데…"라면서 "그런 돈을 '복시시(현지어로 뇌물, 팁)'라고 하는데 여기저기 만연돼 있어요"라고 설명해줬다. 입국 시점부터 부정부패가 일상화한 방글라데시의 실상을 보고, 현실을 잘 모른 데 따른 대가를 조금 비싸게 치른 셈이었다.

다카는 체념지수 세계 1위?

"행복지수가 높다고요? 천만에, 체념지수가 높다는 게 맞는 표현이지요."

현지에서 만난 방글라데시 중산층 사람들과 한국 교민의 설명이다. 직접 체험한 결과로 볼 때도 '방글라데시가 행복지수 세계 1위'라는 표현은 무슨 근거로 나왔는지 이해하기 힘들었다. 결론부터 얘기하면 사회간접자본(SOC)이 지극히 취약하고, 빈민층이 헤아릴 수 없을 만큼 많은 '갈 길이 너무 먼 나라'라는 게 솔직한 심정이었다. 미래가 잘 보이지 않는다고나 할까?

취재팀을 가장 당황하게 한 건 SOC의 핵심인 도로였다. 공항을 떠나 다카 버나니 지역의 빈민가를 보러 가는데 교통정체가 매우 심했다. 신호등이 없는 2차로가 태반인 좁은 도로를 자동차, 릭샤(자전거

버스, 택시, 오토바이, 릭샤, 사람 등이 마구 뒤엉켜 심각한 교통체증 현상을 보이는 다카 시내의 도로.

를 개조한 인력 수송 수단), 오토릭샤(소형 엔진을 단 릭샤), 사람들이 마구 끼어들며 뒤섞여 가니 속도를 낼 수가 없었다. 실제로 취재팀이 다음날 오후 국회의사당과 쓰레기매립장 등을 보러 가는데 4시간 30분 일정 중 4시간을 자동차 속에 갇혀 있는 '인내심 테스트'를 당했다.

지방도로도 체증에 시달리기는 마찬가지. 한 한국 교민은 "방글라데시 수출입은 대부분 제2 도시이자 항구인 치타공에서 이뤄진다. 물동량의 약 80%까지 치타공에서 처리된다. '다카~치타공' 거리가 약 380km로 '서울~부산' 거리도 안 되는데 자동차로 12시간이나 걸린다"고 현지 상황을 전했다. 수도와 2대 도시를 연결하는 도로가 이 정도니 다른 지역은 안 봐도 뻔하다. 그러다 보니 지방에 공장을 세우는 건 여간 큰 모험이 아닐 수 없다.

도로에 이어 방글라데시의 발전을 가로막는 장애 요인은 전기다. 국제 공항에도 전기 공급이 잘 안 되던 미얀마처럼 '정전의 일상화'라고나 할까? 숙소, 식당, 시장 등 가는 곳마다 정전을 경험해 나중에는 밤에 방 안이 암흑으로 변해도 전혀 놀라지 않을 만큼 단련이 되기도 했다. 그래서 공장, 사무실, 가게, 식당, 가정집 모두 발전기가 필수적으로 설치돼 있다.

봉제업을 하는 조남호 현어패럴 대표를 만나 전기에 대해 물었다. 그랬더니 "공장의 전기료가 월 2,000달러다. 그런데 발전기에 들어가는 기름값이 한 달에 6,000달러나 된다. 서너 차례면 좋겠는데 하루 정전 횟수가 무려 18번이나 된다. 전기의 87%를 천연가스를 이용해 발전 중인데 가스가 부족하다. 전력 사정을 개선하기 위해 석유를 수입해야 하지만 재정 형편 때문에 쉽지도 않은 것 같다"고 답했다.

그의 사무실을 들렀을 때도 정전이 돼 한참 동안 깜깜한 어둠 속에서 대화를 나눠야 했다. 그런데도 취재팀까지 아무도 놀라지 않은 것을 보면 어느덧 정전에 아주 단련된 듯 했다.

실제로 2010년 방글라데시의 하루 전기 수요는 5,500~6,000만 ㎿로 추정되나 하루 생산량은 3,800만 ㎿로 필요량의 60%대 수준이다. 전기로 인한 제조업 손실액이 국내총생산(GDP)의 2%(약 13억 달러)에 이르는 것으로 평가되고 있다. 김삼식 KOTRA 다카센터장은 "신규 투자 업체가 영업을 개시해도 최소 3개월간 전기가 연결되지 않는다"고 소개하기도 했다.

통신은 그나마 도로와 전기에 비해 나은 편이다. 여러 업체가 무선전화 서비스를 제공하고 있으며, 대표 기업인 그라민폰의 경우 3,000만 명 이상의 가입자를 확보하고 있다. 반면 유선 가입자는 100만 명을 약간 웃도는 수준이며 공중전화를 찾기도 힘들다. 상하수도 시설, 쓰레기 처리 등은 낙후돼 있어 도시 전체에서 깨끗함을 찾기가 힘든 실정이다.

방글라데시 정부도 열악한 사회간접자본(SOC) 사정을 개선하고 경제 발전을 위해 나름대로 노력 중이다. 2012회계연도(2011년 7월 ~2012년 6월)에 추진할 인프라스트럭처 계획만 1,039개에 달한다. 문제는 사업에 필요한 돈이 부족하고 의지도 부족하다는 것.

우선 세금을 내는 계층이 매우 엷다. 과세 인구는 법인을 포함해 150만 명 남짓으로 전체 인구의 1% 수준으로 평가된다. 그나마 과세 인구 중 3분의 1만이 세금 부담을 하는 것으로 추정된다. 세금 가운데 직접세인 소득세 비중이 27% 수준에 불과하니 재정 수입을 늘리기가 어렵다. 여기에 석유제품, 곡물, 기계장비 등 수입이 많아 경상수지도 적자가 염려되는 실정이다.

조태영 주방글라데시 대사는 "다카 외곽을 도는 순환고속도로 공사가 2011년 8월 중 착공한다는 발표가 있었지만 아직 착수를 하지 못하고 있다"며 "아마 자금 마련이 쉽지 않은 것 같다"고 안타까움을 표시했다.

세계 최고의 인구밀도(㎢당 약 1,080명)를 보이며 3모작을 하지만 인구 때문에 식량을 수입해야 하는 '바글바글' 방글라데시. 이곳에서 그나마 희망의 빛을 찾으라면 25세 이하 인구가 전체의 40%를 넘을 만큼 젊다는 점과 초등학교 때부터 영어를 배워 영어구사력이 높다는 점 등이 꼽힌다.

하지만 1인당 소득이 700달러 남짓으로 정치, 경제, 치안, 위생, 교통, 환경, 질병, 교육 등 모든 분야에서 온갖 문제를 지니고 있는 방글라데시에 '미래는 밝다'는 표현을 쓰기는 참 힘들었다.

한 한국 교민은 취재팀이 현지 경제에 대한 답답한 심정을 얘기하자 이렇게 답변했다.

"이곳에서는 되는 것도 없지만 안 되는 것도 없다. 상식이 접목되지 않는다. 정부와 정치권의 경우 경제를 발전시킬 계획도 별로 없고 바꿀 의지도 부족하다. 그게 현실이다."

마을 주민들이 짐 실은 오토바이를 힘겹게 밀고 있는 모습.

산아제한, 소용없어요

방글라데시 현지에서 가이드와 나눈 대화

질문: 방글라데시는 땅도 비옥하고 3모작도 가능하다는데 왜 쌀을 수입하나요?

답변: 방글라데시 인구가 얼마인지 생각해 보셨어요?

질문: 인구가 너무 많긴 하지요. 그럼 산아제한을 해보는 게 어떤지.

답변: 1971년 독립 이후부터 하고 있지만 별로 소용이 없어요. 밤에 마땅히 시간을 보낼 곳도 없고, 정전이 되다 보니 어둠 속에서 할 수 있는 게 '아이 만들기'밖에 더 있겠어요.

버나니 슬럼가에서 만난 어린이들의 천진난만한 모습.

이 대화는 방글라데시가 처한 현실을 잘 보여준다. 아열대 몬순기후에 비옥한 벵골만 삼각주라는 천혜의 농사여건을 갖췄지만, 방글라데시는 쌀 수입국이다. 관개시설과 농업기술이 낙후된데다 워낙 인구가 많다. 여기에 농경지가 해마다 태풍과 폭우 피해를 입는다. 인구는 급속도로 늘어나다 보니 정말 '먹는 문제' 하나도 해결이 쉽지 않은 실정이다.

아직도 캄캄한 미래

다카 서북부로 35km가량 떨어져 있는 사바르 지역. 다카 수출가공공단(EPZ)이 있는 곳이다. 퇴근시간이 되니 수많은 여성이 길거리를 메웠다. 월 60~100달러를 받고 일하는 산업역군들이다.

EPZ는 방글라데시 경제의 핵심 기반이다. EPZ에 들어가면 현지나 외국계 은행을 통한 달러화 대출이 가능하고, 달러화 계정을 보유할 수도 있다. 문제는 EPZ 등에 입주한 기업 대부분이 의류관련 업체고, 그나마도 용지가 부족하다는 사실. 그러다 보니 경제 발전에 필요한 투자 유치가 활발하지 못하다. 방글라데시가 최근 5년간 6%대 안정적인 성장률(2011년 6월 말에 끝난 2011회계연도에 6.3% 성장률)을 보였지만 미래를 낙관하기 어려운 이유이기도 하다.

방글라데시의 최대 난제는 물가다. 2011회계연도에 소비자물가지수가 8.8%였고, 2012년도에 7.5% 목표치를 세웠지만 실현 가능성은 매우 낮다는 게 일반적인 평가다. 확장적인 재정정책, 환율·수입 에너지 가격 상승 등 인플레이션 악재가 너무 많다. 김삼식 KOTRA 다카 센터장은 "지난 회계연도에 식품 가격이 11.3% 올랐다는데, 실제 시장에서는 쌀을 비롯한 식료품 가격이 20~30%는 오른 것 같다"고 설명했다.

방글라데시는 인플레이션을 잡기 위해 2010년 4.5%였던 기준금리를 2011년 5월 6.25%까지 올렸다. 대출금리 상한선(연 13%)도 최근 15~16%로 인상했다.

물가가 오르다 보니 통화인 타카(Taka)도 약세를 보여 1년 전보다 5% 이상 절하됐다. 주식시장의 경우 주가지수가 2011년 들어 40% 이상 떨어져 과격 시위가 줄을 잇고 있는 상황이다.

방글라데시는 미국과 유럽 시장을 겨냥한 의류 산업이 대부분을 차지한다. 2011회계연도의 수출액 229억 달러 가운데 81%(187억 달러)가 의류다. 의류 산업은 직접 고용 200만 명에 직간접적으로 연결된 인구만 1,500만 명에 이른다. 그렇지만 원부자재를 수입하고 제품 생산 후 대부분을 수출해 중간 단계에서 임금을 남기는 구조이므로 외화 가득률이 높지 않다. 방글라데시에서는 오히려 800만 명이 넘는 외국에 나간 사람들이 국내로 송금하는 돈(2010년 116억 달러)이 매우 중요한 역할을 한다. 하지만 의류 외에는 다른 수출 산업이 거의 없어 급기야 2012회계연도에는 경상수지 적자가 염려되고 있다.

방글라데시는 풍부한 노동력을 바탕으로 '포스트 차이나(Post-

China)'를 대표하는 저임 생산기지가 될 것으로 주목받아 왔다. 그러나 대외 요인에서 비롯된 인플레이션, 정치 불안정, 사회간접자본(SOC) 미비 등이 성장 위협 요인으로 자리 잡고 있다.

조남호 현어패럴 대표는 "정치 불안과 SOC 미비 등으로 향후 지속적인 발전이 쉽지 않다. 저임금을 기반으로 하는 의류 임가공의 경우 앞으로 20년은 더 경쟁력이 있을 것으로 생각한다"고 말했다. 이를 뒤집어 표현하면 방글라데시가 일정한 수준 이상의 산업국가로 발돋움하는 데 20년 이상 걸린다는 의미로 해석할 수 있다.

다카 외곽의 사바르에 위치한 다카수출가공공단에서 하루 일을 마치고 퇴근하는 방글라데시 여성들.

방글라데시의 역사

방글라데시란 '방갈리어 즉 벵골어를 사용하는 사람들의 나라'라는 의미다. 벵골어는 힌디어, 우르두어, 구자라트어와 함께 고대 인도에서 사용하던 산스크리트어를 잇는 언어로 방글라데시와 인도 서벵골 지역에서 주로 쓰인다. 세계에서 6번째로 많이 쓰이는 언어라는 분석도 있다.

방글라데시 지역에는 중앙아시아에서 내려온 아리안족이 현재 파키스탄, 인도를 거쳐 기원전 6세기경부터 방글라데시 지역에 정착하기 시작하여, 선주민인 드라비다족과 함께 벵골인을 형성하였다. 선주민인 드라비다족의 영향을 많이 받은 탓인지 피부가 서인도나 파키스탄 등에 비해 상대적으로 검은 편이다. 기원전 5세기 중엽 불교가 전파되어 기원후 4세기까지 융성했다.

불교는 그 뒤 굽타왕조 하에서 일시 쇠퇴했다가 8세기에 다시 부흥하면서 동남아시아에까지 전파되었다. 1260년경 이슬람교도들이 들어와 이슬람교 왕조를 수립하였고 이때부터 이슬람 문화가 자리잡기 시작했다. 1576년에는 다른 이슬람세력인 무굴왕조의 지배 하에 들어갔다.

1757년 영국이 이 지역을 포함한 인도 전역의 지배권을 장악하였고, 1947년 8월 파키스탄의 11개 주 가운데 1개 주인 동파키스탄으로 명명되면서 영국으로부터 독립하였다. 그 뒤 서파키스탄의 차별정책에 반발하여 라만(Rahman, S. M.)이 이끄는 아와미연맹이 독립운동을 전개하여 1971년 3월 26일 파키스탄으로부터 독립을 쟁취하였다. 1972년 12월 헌법을 제정하였으며, 1991년 대통령 중심제에서 의원내각제로 개헌하였다.

대외적으로는 중도중립의 입장을 취하고 있으며, 1974년 유엔, 1972년에 비동맹회의에 가입하여 비동맹, 이슬람교국가회의, 국제연합 등에서 적극적으로 활동하고 있다. 특히 제3세계 비동맹제국과의 유대강화에 주력하면서 사우디아라비아 등 산유국과의 우호증진을 도모하고 있다. 파키스탄, 중국과도 관계정상화를 이룩하였다.

인도와는 갠지스강과 브라마푸트라강의 수리권문제로 자주 분쟁이 일고 있다. 우기에는 그렇지 않아도 물이 많아 골치인데 인도에서 댐 등을 방류하고, 건기에는 물이 부족한데 댐을 막아버리는 일이 빈번해지면서 방글라데시 정부의 불만은 매우 커지고 있으나 인도와의 국력 격차가 워낙 큰 관계로 별다른 저항을 하지 못하고 있는 실정이다.

읽을거리

벽돌은 겨울에 한 번 굽는다

다카 공항에 내릴 때 보니 물이 가득한 호수 한가운데에 높다란 탑 같은 게 무수히 많이 보였다. 여기저기 우뚝 솟아있는 게 마치 무슨 표식 같기도 했다. 나중에 궁금해서 현지인에게 물어보니 "아하. 그것은 벽돌공장에서 벽돌을 구울 때 연기를 빼는 굴뚝이에요"라고 답하는 게 아닌가. 그래서 "무슨 굴뚝이 물 한가운데 덩그러니 놓여 있느냐"고 반문하자, "우기 때는 모두 물에 잠겨서 그런다. 건기가 찾아오고 물이 빠지는 겨울(12월~2월)에는 벽돌을 구워낸다"고 설명했다. 사실상 겨울에 벽돌이 생산된다는 얘기다.

방글라데시, 인도, 파키스탄 등은 산이 없고 목재가 부족한 관계로 대부분 벽돌을 구워 집을 짓는다. 나중에 인도를 가로지를 때 보니 무수한 벽돌 공장이 있는데, 공장들 중 물에 잠긴 곳은 거의 없었다. 결국 방글라데시를 우기 직후에 간 관계로 '물에 잠긴 굴뚝'을 구경하게 된 셈이다.

아직 물에 잠겨 있는 호수 옆에 자리 잡은 벽돌공장. 벽돌을 굽는 공장의 굴뚝 모습이 이채롭다.

정치 마피아와 민생

빈부 격차의 현장, 굴샨과 버나니의 풍경

방글라데시 다카에는 외부인의 시선을 끄는 세 현장이 있다. 한 달 2~3만 원으로 살아가는 빈민들의 슬럼(도시 빈민굴), 세계 최빈국의 명성과는 어울리지 않는 현대식 주택단지와 건물, 세계 100대 건축물에 꼽힌다는 국회의사당 등이 여기에 해당한다. 부자동네와 슬럼이 바로 이웃해 자리잡은 모습에서 방글라데시의 극단적 모순을 볼 수 있다. 번지르르한 국회의사당은 이러한 국가적·사회적 모순을 해결하지 못하는 '후진 정치'를 상징한다.

다카의 버나니, 굴샨은 신흥업무지구로 각광받는 지역. 이곳 버나니 호수를 가로지르는 다리 위에서 동쪽 굴샨지구를 바라보니 세련된 주택단지와 고급호텔 간판 등이 눈에 들어왔다. 땅값이 3.3㎡(1평)당 수천만 원으로 서울 강남에 비견될 만한 곳이다.

다카 시내 버나니 호수를 끼고 있는 빈민굴. 철거를 당한 후에도 갈 곳이 없는 사람들이 얼기설기 쳐놓은 천막 밑에서 하루하루 힘겨운 삶을 이어간다.

하지만 같은 장소에서 눈을 호수 서쪽으로 돌리면 전혀 다른 풍광이 펼쳐진다. 호수 주변으로 나무기둥에 천을 올려놓은 움막집이 줄지어 늘어서 있었던 것. 당초 3,000여 명이 살던 곳으로 건너편 부자동네의 민원으로 강제 철거됐으나, 갈 곳 없는 빈민들은 얼기설기 엮은 움막집 같은 곳을 떠나지 못하고 있다.

취재팀은 빈민들의 생활을 관찰하기 위해 생긴 지 30년이 지났다는 버나니 지역 내 '코라일 슬럼'으로 발길을 옮겼다. 무려 3만 명이 넘는 사람들이 사는 빈민 거리를 지나가다 보니 옷가지도 제대로 걸치지 못한 아이들이 먼지를 뒤집어쓴 채 맨발로 뛰어다니고 있다.

슬럼 안쪽으로 들어가자 힌난(10세)이라는 어린이가 카메라가 신

버나니 호수의 빈민가에서 건너편의 부유층이 사는 굴산지역이 보인다. 어린아이를
둔 어머니의 표정이 애처롭다.

기한 듯 취재팀을 따라다닌다. 왜 집에 있지 않고 나돌아 다니느냐고
했더니 "어머니는 가정부 일을 하러 나가고 없어요. 밤늦게까지 항상
혼자 놀아요"라고 답한다. 슬럼가 아이들이 그렇듯 힌난도 다카시의
주민등록이 없어 초등학교는 구경도 못했다. 시민단체가 운영하는 열
악한 교실에서 글을 깨치는 게 전부다. "슬럼에서 태어난 업보로 제대
로 배우지도 못한다. 평생 그렇게 슬럼에서 살다가 슬럼에서 일생을
마감한다"는 게 현지 안내를 맡은 마슘 씨의 설명이다.

조그맣게 가게 같은 형상을 한 집을 찾으니 어른들이 4~5명 모여
있다. 이들은 취재팀을 NGO에서 나온 일원으로 생각해서인지 이것
저것 물어보는 것이다. 담배 한 갑을 꺼내니 여기저기서 온통 손길이

버나니 슬럼에서 만난
방글라데시 중년 남성의 얼굴.

뻗치면서 순식간에 동이 나버렸다.

다카에는 이런 슬럼이 수없이 많고, 거기서 약 1,000만 명이 산다. 여성들은 대부분 가정부로, 남성들은 릭샤꾼이나 막노동꾼으로 일한다. 다카시가 세계 최악의 교통난을 겪는 데는 맨주먹으로 상경한 농민들이 너도나도 릭샤를 끌고 나선 탓도 있다. 수요에 비해 공급이 넘치다 보니 벌이는 신통치 않다. 코라일 슬럼에서 만난 릭샤꾼은 "하루 종일 페달을 밟아봐야 200~500타카(약 3,000~7,000원)를 버는데 여기서 릭샤 임차료로 100타카를 뗀다"고 말했다. 슬럼 월세가 1,000~1,500타카(약 1만 5,000~2만 3,000원)인 것을 감안하면 기초적인 의식주를 해결하기도 빠듯해 보인다.

비좁은 다카 시내에 사람들이 몰리다 보니 땅값은 천정부지로 뛴다. 외국계 기업에 들어가도 월급이 2만 타카(약 31만 원)에 불과한데 다카 시내에 방 2개짜리 주택은 월세가 2만 타카 안팎이다.

샤리를 만드는 어린이. 아동 노동은 불법이지만 이들이 생계를 유지하기 위해서는 어쩔 수 없이 일을 해야 한다.

반면 기득권 층에는 그들만의 세상이 따로 있다. 코라일 슬럼에서 차로 5분도 걸리지 않는 버나니 11번가는 고급 의류점이 늘어서 있어 다카의 비벌리힐스로 통한다. 사설 경호업체가 24시간 지키는 고급주택가에는 독일·일본 승용차로 넘쳐나고 미나바자르, 메가몰 등 현대식 쇼핑몰과 고급 의류매장들은 손님들로 북적거린다. 정치인, 기업인, 부동산부자 등이 주요 고객층이다.

시내 중심부로 들어서니 길목마다 정치 홍보물이 나부낀다. 2012년에 실시하는 총선 열기가 벌써부터 시작된 모습. 특히 두 여성의 사진이 눈길을 끈다. 셰이크 하시나 현 총리와 칼레다 지아 민족주의당(BNP) 당수다. 방글라데시의 지식인 계층에서 두 여걸은 '정치실패와 부패구조의 원흉'으로 지목된다. 지난 20년간 두 여걸은 번갈아가며 두 차례씩 총리를 맡아 방글라데시 정치를 쥐락펴락했다. 하시나 총리의 부친 무지부르 라만 초대 대통령과 지아 당수의 남편 지아우르 라만 전 대통령까지 포함하면 1971년 파키스탄에서 분리독립한 지 40년이 되도록 방글라데시 정치를 두 집안이 뿌리 깊은 '정치 마피아'로 군림하며 양분해온 셈이다.

　오랫동안 정치의 새바람이 불지 않다 보니 부패가 극심해졌다. 국제투명성기구가 2009년 180개국을 대상으로 실시한 조사에서 방글라데시 부패지수는 148위였다.

세계 최빈국에 어울리지 않게 미국 〈타임지〉가 세계 100대 건축물에 꼽았을 만큼 멋지게 지은 방글라데시 국회의사당.

정치실패는 미래 세대의 경쟁력마저 갉아먹었다. 명문 다카대는 1980년대 초반 세계 50위권에 들 정도로 명성이 높았지만, 요즘은 순위를 매길 수조차 없다. 캠퍼스에 들어서니 현대식 건물이라곤 찾아볼 수 없고 학생들은 진창길을 조심조심 피해 다닌다.

관광자원이 없어 연간 방문객이 50만 명에 불과한 다카에서 유일한 볼거리는 국회의사당이다. 방글라나가르에 지어진 이 건물은 〈타임지〉가 세계 100대 건축물에 꼽았을 정도로 웅장하다. 미국의 유명 건축가 루이스 칸이 설계하고 공사에만 10년 넘게 걸렸다. 그렇지만 지금은 '제일 가난한 나라에 제일 호화롭고 유지비용이 많이 드는 의사당'이라는 조롱거리로 전락했다. 일반인의 출입을 막아 먼 발치에서 볼 수밖에 없었던 국회의사당은 '국민과 괴리된 정치'를 그대로 보여주는 듯했다.

기가막혀

식당에 여종업원이 없어요

방글라데시 다카에서 하루만 지내보면 뭔가 이상한 점을 발견하게 된다. 길거리에서는 전통의상 '샤리'를 입고 다니는 여성들을 쉽게 마주칠 수 있는데, 식당에 들어가면 종업원이 죄다 남자라는 것이다. 골프장도 마찬가지. 한국과 달리 방글라데시 캐디는 모두 남성이다.

뿌리 깊은 이슬람교 영향으로 방글라데시에선 '남녀칠세 부동석'이 엄격하다. 그러다 보니 다중(多衆)을 상대하는 서비스업종에 여성이 일하는 경우는 극히 드물다(나중에 보니 파키스탄과 이란도 여종업원이 거의 없었다).

아시아 다른 나라와 달리 한국드라마가 방글라데시에서 아직 붐을 일으키지 못하는 원인도 여기에 있다. 현지 한국인들은 "사극이라면 모를까 일반 애정드라마는 방글라데시에서 방영 자체가 어렵다"고 말한다. 자유연애가 일반화되지 않을 정도로 보수적인 사회에서 미니스커트를 입은 여주인공이 등장하고, 키스신까지 나오는 한국 드라마는 19금 성인비디오나 다름없다.

굳이 서비스업이 아닌 일반 기업체에서도 여직원들은 '특별 대우'를 해줘야 한다. 방글라데시에 진출한 우리은행의 김응준 대표는 "오후 6시만 되면 여직원 아버지들이 은행 앞에서 기다리다 딸을 데려간다"며 "아무리 바빠도 야근 시키는 것은 꿈도 못 꾼다"고 전했다.

....

'잊혀진 난민촌' 미르푸르를 가다

다카시 외곽 미르푸르의 '파키스탄 난민촌'. 온갖 모순이 얼기설기 혼재돼 있는 방글라데시에서도 특히 역사적·민족적 모순과 아픔이 응어리진 곳이다. 미르푸르에서 처음 들른 곳은 '밀라떼 이슬라미아 마드라샤 스쿨'이었다. 방글라데시 국적도 없고 돈도 없어 정규학교에

다니지 못하는 난민촌 아이들을 위해 방글라데시인 후원자들이 운영하는 일종의 NGO(비정부기구)학교다.

"학교에 나와 공부할 수 있다는 것만으로도 즐거워요. 나중에 커서 선생님이 될래요."

초롱초롱한 눈망울이 인상적인 11살 소녀 심란의 얘기다. 하루 중 가장 즐거운 시간은 오전 9시. 학교에 나와 공부하고 친구들과 어울려 놀 수 있기 때문이다. 3시간의 수업을 마치면 긴 노동시간이 기다린다. 오후 내내 어머니와 함께 파키스탄 전통 물레인 '땃'을 돌려 방글라데시 여성들이 입는 사리를 만든다. 아버지는 오래 전 돌아가셨다.

33㎡(10평) 남짓한 교실에서 낡은 교과서로 수업하는 아이들 약 80여 명. 취재팀이 다가가니 "오늘은 영어와 수학, 과학을 배워요. 일하느라 숙제를 못해서 선생님한테 야단맞았어요"라면서 밝게 웃는다. 학교 운영위원인 나딤 씨는 미르푸르를 구석구석 안내하면서 "아이들 대부분이 어떤 형태든지 일을 해야 먹고 살 수 있어, 하루 3시간씩 오전반, 오후반으로 운영한다"고 말했다. 학교 운영비는 한 달에 한국 돈으로 30~40만 원 수준. 선진국에선 별 부담이 없는 돈이지만, 이곳에서는 학생들의 배움과 미래가 좌우될 만큼 큰 금액이다.

40만 명에 달하는 방글라데시 내 파키스탄 난민은 국제정치에서 '잊혀진 난민'으로 불린다. 차별과 가난에 시달린 지 40년째다. 이들의 비참함 뒤에는 복잡한 역사와 국가 간 갈등이 자리잡고 있다.

방글라데시는 인도와 파키스탄이 1947년 영국으로 분리독립한 뒤

방글라데시에 남은 파키스탄 난민들이 모여사는 미르푸르의 NGO학교 '밀라떼 이슬라미아 마드라샤 스쿨'에서 11살 소녀 심란이 교재를 펼쳐 보이고 있다.

24년간 동파키스탄주로 분류됐다. 그러다가 1971년 파키스탄에서 분리독립한다.

방글라데시 내 파키스탄인들은 이때 국제미아 신세로 전락했다. 일단 인도를 가로질러 2,000km가량 떨어진 파키스탄으로 돌아가는 것 자체가 쉽지 않았다. 파키스탄 정부도 이들이 지리적·문화적으로 '인도 사람'이 됐다며 떨떠름해 했다. 방글라데시 정부도 이들이 독립운동 과정에서 파키스탄 편에 섰다며 국적을 부여하지 않았다.

이들이 모여 사는 난민촌은 미르푸르를 비롯해 다카시 외곽에 18군데나 있다. 국제미아 신세다 보니 교육이나 의료 등 공공서비스는 상상조차 할 수 없다. 어깨가 부딪히는 좁은 골목길 사이사이에 자리 잡은 10㎡(3평)도 안 되는 집엔 부엌과 화장실도 없고, 그나마 두 가족이 함께 사는 경우도 있다. 하수 시설도 미비해 비가 내리면 온동네가 물바다로 변한다. 배우지도 못했고 국적도 없는 난민들에게 안정된 일자리가 주어질 리 없다. 결국 집에서 옷이나 수공예품을 만들어 생활하는 경우가 대부분이다. 나딤 씨는 "젖먹이 빼고는 모두 일을 해야 겨우 살아가는 정도다. 그렇게 일해도 한 달 성인남성 기준 2,000타카(약 3만 원) 안팎"이라고 말했다.

오랜 세월 차별받아 배타적 성격이 강한 난민촌이지만 취재팀은 따뜻한 환영을 받았다. 이곳에서 활동한 한국 기업과 NGO 덕분이다. 미르푸르에는 한국 기업들이 후원해 지은 주택이 5채 있다. 집 1채를 짓는 비용이라야 10만 타카를 넘지 않지만 이들에게는 3년을 일해도 벌수 없는 큰 돈이다. 특히 기아대책기구(KFHI)와 LG디스플레이는 직원들이 와서 직접 벽돌을 날라 집을 지어줘 난민들에게 뚜렷한 기억을 남겼다.

나오는 길에 학교설립추진위원장을 맡았으며 지금은 은퇴한 자카리아(75세)라는 노인과 인사했다. 주름진 얼굴과 내미는 앙상한 손길이 '파키스탄 난민들의 고난과 역정'을 그대로 보여주는 것 같았다.

미르푸르에서
본 빈민가의
어린이들.

3무(無)도시 다카: 자동차보험, 신호등, 공중변소

세계 최빈국 중 하나로 연간 국민소득이 1인당 700달러 내외로 추산되는 방글라데시는 문자에 대한 자부심이 매우 강하다. 자동차 번호판도 아라비아 숫자가 아니라 벵골 숫자로 표기돼 있다. 그래서인지 아라비아숫자를 쓰면 제대로 이해하지 못하는 방글라데시인들을 많이 볼 수 있다. 그렇지만 자부심만 강할 뿐 각종 시스템은 매우 낙후돼 있다. 수도 다카도 예외일 수 없다. 자동차보험, 신호등, 공중변소 등 '3무(無) 현상'을 비롯해 없는 게 너무 많다.

다카에서 교통사고가 나면 어떻게 될까? 서로 대화로 해결하는 게 아니다. 대체로 '피해자가 가해자를 일단 마구 때린다'가 정답이다. 자동

다카 시내의 중요한 교통수단이자 빈민들의 생계수단이 되는 릭샤의 모습. 힘겹게 페달을 밟는 모습에서 그들의 팍팍한 삶이 느껴진다.

차보험이 없어 보험처리가 되지 않으므로 가해자의 잘못을 '신체 가해'를 통해 벌을 주는 것이다. 특히 운전자는 대부분 가난하고 신분이 낮다. 인명사고가 발생하면 주변 시민들까지 합세해 가해자를 구타하는 수가 있으므로, 서둘러 현장에서 도망치는 게 현명하다. 취재팀이 탄 차량도 신호대기 중 앞 차를 살짝 들이받은 적이 있다. 그랬더니 앞차에서 꽤 권력이 있는 듯한 사람이 내리더니 취재팀 차량 운전자를 큰소리로 나무라며 때리는 것 아닌가. 외국인으로서 간여할 수도 없어 어안이 벙벙한 채 지켜보기만 했다.

다카 도로에는 신호등이 시내중심부에 몇 군데 있다. 하지만 지키는 사람은 거의 없다고 보면 된다. 틈만 나면 끼어들기를 하며, 아무데서나 반대방향으로 유턴을 한다. 설령 교통경찰이 지키고 있더라도 눈치를 봐가며 머리를 들이댄다. 사거리에서 서로 앞서가려고 하니 차량행렬의 꽁무니끼리 서로 맞물려 옴짝달싹 못하는 상황이 수시로 벌어진다.

다카에는 공중변소라는 게 없다고 보면 된다. 길거리 아무데서나 소변을 보는 광경도 쉽게 발견할 수 있다. 용변을 보기가 마땅치 않으므로, 가급적 응급상황을 만들지 않는 게 현명하다. 당연히 쓰레기시설도 없어 거리 곳곳마다 쓰레기가 쌓여 있기 일쑤다.

방글라데시의 코리안

'하면 된다(Can do Spirit)' 정신

방글라데시의 주력 산업인 섬유·봉제업계에서 한국 기업인들은 특별한 존재로 꼽힌다. '성공하겠다'는 마음 하나만 가지고서 맨주먹으로 사업을 성공시켰고, 현지 경제에도 큰 도움을 주고 있기 때문이다.

다카EPZ(수출가공공단)에서 만난 양성훈 스완 대표(64세)도 이러한 선구자 중 하나다.

"방글라데시에서 봉제업이 1982년경 시작됐는데 내가 여기 온 게 36세였던 1984년이니 벌써 28년이 지났네요. 당시에는 봉제업체라야 전부 합쳐 10개나 됐나. 처음 왔을 땐 먹을 물도 없고, 음식도 낯설었는데 어떻게 살아 왔는지…. 예전에는 방콕 나가는 것도 힘들었어요. 비행기 값이 왕복 300달러인데 그렇게 큰돈을 가진 사람이 없어 어쩔 수 없이 계속 다카에 머물러 있어야했지요."

그가 1993년 설립한 스완은 기계를 이용해 봉제제품에 들어가는 솜과 부직포를 만드는 업체다. 종업원이 200명가량인데 80~90%가 창업당시 인력이다. 신입사원들이 벌써 중년이 됐다.

"이곳 중하류층(서민층)은 순박하고 정이 많아요. 이슬람교도가 대부분이지만 온순한 성격이어서 테러위험도 없고요. 월급은 180~200달러로 다른 업체보다 70%가량 많은데, 종업원들이 자녀를 낳고 학교 보내는 얘기를 할 때 가장 큰 보람을 느껴요. 종업원 가족 1,000명을 책임진다는 사명감도 있고. 다만 상층부로 갈수록 부패가 심하고 여러 가지로 힘들게 하곤 하지요."

양 대표는 한국 기업인에 대한 이미지가 국내에 잘못 알려진 것 같다고 말했다. "2010년 말 영원무역의 치타공 공장에서 근로자 수만 명이 폭동을 일으켰는데 처우에 대한 불만이 아니었어요. 국내에 '현지

현어패럴 공장으로 가는 좁은 길. 진창길이라서 걷기가 힘들었다.

한국업체가 임금 착취한다'는 식으로 알려졌는데 사실과 너무 달라 속이 상했지요. 한국업체 근로자들은 현지업체보다 처우가 훨씬 좋아 선택받은 사람들인데….”

다카EPZ에서 나오는 길에 들른 현어패럴의 조남호 대표(45세). 그는 1997년 방글라데시로 왔다가 2004년 단돈 2억 원으로 사업을 시작했다. 종업원이 2,000명에 달하며, 연 1,600만 달러의 매출을 올리지만 원부자재 구입, 부대경비, 인건비 등을 빼면 크게 돈을 버는 것은 없다고 설명했다.

“한국업체 중 돈 버는 순위는 꼴찌에 가깝지만 고생순위로 따지면 3위 안에는 들어갈거예요. 임금이 높아 회사 내 한국인도 저 혼자뿐이지요. 아내와 자녀들은 모두 한국에 있고. 가끔 1년에 2~3번 정도 보는데 자녀와 떨어져 살다보니 ‘돈만 버는 기계’로 인식되는 것 같아 외로움을 많이 느끼지요. 추석과 설은 잊은 지 오래예요.”

고생이 심해서인지 온통 머리가 하얗게 센 그는 그래도 방글라데시에 대한 애정을 드러냈다.

“여기서 사업하려면 마음가짐이 가장 중요해요. 자기가 가진 것을 베풀면 돼요. 제가 방글라데시를 떠나면 직원들에게 사업을 넘겨줄 예정인데, 그래서인지 아예 재무구조도 관리직 직원들에게 모두 알려줘요. 그러면 돈이 부족할 때 자신들이 월급을 나중에 받겠다고 건의를 해오기도 하지요. 사는 즐거움은 딱 하나 있어요. 직원들이 월급을 노란 봉투에 넣어 바지춤에 꼬깃꼬깃 구겨 넣고 즐거운 표정으로 퇴근할 때 가장 크게 행복감을 느낍니다."

그는 은퇴하면 아예 직원들이 공장을 운영하도록 할 예정이다. 그래서 지금도 회사 운영의 모든 상황을 공개한다. 이러한 선구자들의 노력 덕분일까? 방글라데시는 최근 한국의 새로운 시장으로 조금씩 커나가고 있다. 2011년 한 해 동안 대방글라데시 수출은 전년대비 15% 늘어난 17억 8,700만 달러, 수입은 2억 800만 달러로 예상된다. 철강, 합성수지, 직물, 승용차, 생활용품 등이 나가고 있으며 15억 달러 이상의 무역흑자를 기록하고 있다.

기업 진출도 늘어나 삼성전자는 휴대폰, LG전자는 냉장고 조립라인 건설을 추진하고 있는 상황이다. 삼성R&D센터도 들어서 2012년까지 약 1,000명의 인력을 고용할 것으로 전망된다. 1996년 진출한 우리은행은 현지에서 한국 기업과 기업인들이 사업을 펼치는 데 적지 않은 지원을 해주고 있다.

한국 기업들의 SOC 진출도 활발해지고 있다. 방글라데시에서는 지난 2004년 현대건설이 완공시킨 자무나대교(현지 100다카 동전에 새겨짐)로 인해 한국업체에 대한 이미지가 좋다. 주요 사업으로는 파드마대교(삼성물산과 대림산업), 카르나풀리 수처리 플랜트(코오롱), 다카의 제2고가고속도로, LNG터미널(국내 건설업체), 철도개선사업, 전자주민증 사업 등이 꼽힌다. 룩손글로벌이라는 업체는 현지에서 석탄개발을 추진 중이다.

"한국에서 종잣돈 모아 사장님 됐어요"

- 의정부에서 8년 일한 티투의 코리안드림 -

다카 시내 니쿤자거리에 있는 공장으로 들어서니 200㎡ 안팎의 공간에 기계들이 쉬지 않고 돌아가고 있다. 소음도 만만치 않았다.

"원단에 무늬를 새기는 공장인데 주문이 많아서 항상 이렇게 바빠요."

한국에서 돌아온 지 7년이 지났지만 여전히 한국말이 유창한 티투 씨(37세)의 얘기다. 2004년까지 8년간 의정부 송우동 우레탄 공장에서 일하던 방글라데시 청년은 이제 어엿한 중소기업체 사장이다. 직원도 30명이 넘는다.

"얼마라고 얘기할 순 없지만 한국에서 돈을 많이 모았어요. 그 돈으로 다카에 땅을 사뒀더니 값이 뛰어서 귀국하자마자 공장을 차릴 수 있었지요."

한 마디로 '코리안드림'을 이룬 셈이다. 대학생활을 접고 막연한 기대로 한국행 비행기를 탔던 게 엊그제 같은데 벌써 네 살배기 딸아이를 둔 가장이 됐다. 그는 "한국에서 돌아와 기반을 잡고 5년 전에 결혼했어요. 한국 덕분에 공장도 차리고 예쁜 아내와 딸까지 얻은 셈이죠. 제 인연으로 사촌동생도 지금 한국에서 일하고 있어요"라며 밝게 웃었다.

그렇다고 한국에서 좋은 추억만 있었던 것은 아니다. 8년간 여러 업체를 거쳤는데 월급 안 주고 때리는 사장을 만나면 너무 힘들었다는 것.

티투 씨는 다행히 마지막 일하던 공장에서 어머니 같은 사모를 만났다. 그는 "다른 사람들한테 내 아들이라고 말할 정도로 저에게 잘 대해줬어요. 요즘도 전화드리면 너무 좋아라하세요"라며 미소 지었다.

방글라데시에는 티투 씨처럼 코리안드림을 꿈꾸는 젊은이들이 많다. 외국인 고용허가제를 통해 시험을 쳐서 취직할 수 있는 나라는 한국과 싱가포르밖에 없다. 방글라데시 내에 일자리가 절대적으로 부족하기 때문에 젊은이들은 너도나도 한국에 취직하길 원한다. 지금 한국에 나와 있는 방글라데시 사람들이 1만 3,000명에 이른다고 한다.

그는 "주변에서 한국 취직에 대해 물어보면 적극 추천하지만 한 가지 충고는 빠뜨리지 않아요. 한국인 동료에게 돈 빌려주지 말라는 거예요. 외국인 노동자, 특히 불법체류 신분일 경우엔 돈을 떼이기 십상이기 때문이지요"라고 답했다.

외국인 노동자를 고용한 한국 기업들에 바라는 점을 물어봤다. "국적이나 피부색에 관계없이 똑같은 인간으로 대우해줬으면 좋겠어요. 문화의 차이, 특히 종교에 대한 배려도 부족해요."

티투 씨가 말을 마치자 오랜만에 모인 '의정부' 친구들이 한 마디씩 거들었다.

"우리 사장은 '월급 주는 내가 바로 알라신이니까 나한테 절해라'라고 했어요. 기도하고 있는데 뒤에서 똥침 놓은 아저씨도 있어요. 정말 미워요."

이들이 공통적으로 꼽은 어려움은 한국의 음주문화다. 이슬람은 율법에 따라 돼지고기와 술을 먹을 수 없는데, 한국인 동료들은 기어코 삼겹살과 소주를 강요했다.

인터뷰 내내 자리를 함께한 3명의 친구들도 티투 씨와 비슷한 시절 한국에서 일했지만, 귀국 후 티투 씨처럼 자리를 잡진 못했다. 티투 씨와 친구들은 "한국에선 유혹이 너무 많아 돈을 모으기 어렵다"고 이구동성으로 말했다. 이슬람 사회에서 금기시되는 술, 도박, 매춘 등을 접하기 쉬워 독하게 맘먹지 않으면 돈을 모으기 어렵다는 것. 추석이나 설 같은 명절에 딱히 할일 없는 외국인 노동자들은 한국인 동료에게서 배운 화투에 빠져들기 십상이다.

한국에서 돌아와 제일 그리운 것은 무얼까? 티투 씨는 주저하지 않고 목욕탕을 꼽았다. "냉탕, 온탕에 찜질까지 할 수 있잖아요. 먼지가 많은 다카에서 생활하다 보면 한국 목욕탕 생각이 간절해요."

사장님이 된 티투 씨는 이제 일이 아니라 여행을 위해 한국에 가고 싶단다. "일할 때 못 가본 제주도를 꼭 보고 싶어요. 물론 그전에 저의 오늘이 있게 도와준 고마운 사모님 먼저 찾아뵙고요."

한국 의정부에서 일하다가 귀국해 조그만 중소기업체를 운영하는 티투 씨가 원단을 펼쳐 보이고 있다.

다카大 한국어센터 가보니 방글라데시 학생 100여 명 '열공'

"의자, 연필, 안경."

강의실에 들어서자 귀에 익은 한국말이 들려온다. 다카대 한국어센터의 초급 과정. 한국인 강사가 낱말을 불러주면 방글라데시 학생들이 그림이 그려진 카드를 찾는 수업이 한창이다.

다카대 3학년 보띠우(22세)는 한국어를 배운 지 한 달밖에 안 됐는데 틀리지 않고 낱말을 잘도 찾아낸다. 철학을 전공하는 보띠우는 졸업 후 한국에 유학가기 위해 한국어센터를 찾았다고 한다. "ㅂ 발음이 제일 어려워요. b인지 p인지 구분이 잘 안 되거든요." 발음은 어려워도 예쁜 선생님이 친절하게 가르쳐줘 한국어 공부가 재미있단다.

현재 다카대 한국어센터에선 초급, 중급, 고급, 최고 등 4개 과정에 100여 명 학생이 열공 중이다. 이 가운데 절반은 보띠우처럼 한국 유학을 위해서, 나머지 절반은 한국 취업을 위해서 한국어를 배운다. 방글

국제협력단 봉사단원으로 다카대에서 한글을 가르치는 박지원 씨가 학생들과 함께 한글 단어맞추기 게임을 하고 있다.

라데시에서 한국 취업비자를 얻으려면 반드시 한국어 시험을 통과해야 한다. 다카대 학생뿐 아니라 일반인들도 한국어센터를 찾는 이유다.

초급 과정을 가르치는 박지원 씨는 "배우고자 하는 열의가 정말 뜨겁다"면서 "다카대 학생들의 경우 학점 인정이 안 되는데도 매년 수강생이 늘고 있다"고 전했다. 국제협력단(KOICA) 봉사단원으로 2011년부터 다카대에서 강의를 시작한 박 씨는 한국어보다 한국 문화를 가르치는 일이 더 힘들다고 한다. "한국에 대해 너무 모르기 때문에 말을 가르치려면 일일이 문화도 알려줘야 이해를 도울 수 있어요."

베트남, 태국, 미얀마 등 동남아에선 한류 바람이 불어 한국 드라마나 가요를 접한 신세대가 많다. 방글라데시는 아직 한류가 거의 불지 않았다. 하지만 2012년에는 한국 드라마가 방영될 예정이어서 한국어센터를 찾는 방글라데시 젊은이들도 더 늘어날 전망이다. 그만큼 한국~방글라데시 거리는 문화적으로나 심리적으로 가까워지게 된다.

그라민은행과 유누스

풀브라이트 장학금으로 미국 밴더빌트대학에서 박사 학위를 받은 무하마드 유누스(Muhammad Yunus). 그의 고국 방글라데시는 온통 빈민들로 가득한 절망의 나라였다. 유누스는 자신이 나서야겠다고 생각하고, 건조한 겨울 동안 관개용 펌프를 돌릴 돈이 없어 놀리고 있는 수도 다카 인근의 들판을 주목한다. 그는 인근의 땅주인과 농부들을 모아 놓고 제안을 한다. 땅주인은 땅을 빌려주고, 농부들은 노동력을 제공하면, 자신은 종자, 비료, 용수펌프 연료 등을 사주겠다는 것이었다. 그러면서 세 당사자가 수확물을 3등분하기로 약속했다. 결과는 어찌됐을까? 실패였다. 특히 돈을 댄 유누스는 더욱 그러했다. 대풍년이 들었는데도 농부들은 그에게 빌려간 돈을 갚지 않았다. 1970년대 당시 방글라데시에서는 큰돈인 600달러 가까운 금액을 손해봐야 했다. 타작을 한 극빈층 여자들도 손에 쥔 돈이 거의 없었다.

유누스는 다른 방법을 생각해냈다. 그는 치타공대학 인근에서 공예품을 만드는 여자들이 재료를 사기 위해 지역 대부업자에게 돈을 빌리는 데, 하루에 이자가 10%나 된다는 사실에 주목했다. 그는 1976년 이 여자들에게 돈을 빌려주기 시작했으며, 처음 빌려준 돈은 42가구에 가구당 1달러 미만이었다. 42건의 소액대출은 세계에서 가장 유명한 마이크로파이낸스 기관인 그라민은행(Grameen Bank)의 시작이었다. 유누스는 2006년 노벨 평화상 수상자로 선정되면서 '인민재활의 수호성인'으로 불렸다.

그렇다면 유누스는 비영리 소액대출의 유일한 아이디어 창안자였을까? 아니다. 1970년대 콜롬비아와 브라질에서 비슷한 대출이 시행된 적이 있다. 심지어 방글라데시에서도 그라민은행은 가장 큰 대부업체도 아니다. 결론적으로 그라민은행이 방글라데시의 경제를 살리는 데 일조는 할지언정, 경제발전의 주춧돌이 되기도 힘든 것으로 보인다. 가난에 찌든 사람들에게 소액대출은 큰 힘이 되지만, 국가발전을 위해서는 소액대출을 훨씬 뛰어넘는 인프라 구축과 경제개발계획 등이 필요하기 때문이다. 그렇다 하더라도 그라민은행과 유누스는 방글라데시를 빛낸 존재임에는 틀림이 없다.

india

인도

인도

- 국명: 인디아(Republic of India)
- 국화: 연(lotus)
- 면적: 328만 7,263㎢
- 인구: 12억 1,019만 명(2011년 인구조사 기준)
- 기후: 열대몬순기후. 3월부터 5월은 건조하고 덥다. 6~10월은 고온다습하며, 10월 말부터 2월까지는 춥고 건조하다.
- 연평균 기온: 24~27도(국토가 넓어 지역별 편차가 큼)
- 연평균 강수량: 900mm(7,8월에 집중. 일부 지역은 2만 mm 넘는 곳도 있음)
- 지형: 히말라야산맥이 있는 북부고산지와 인더스강과 갠지스강을 중심으로 펼쳐지는 중북부 대평원, 인도양 방향으로 삼각형모양으로 돌출된 남부 고원지대 등 3가지 지형으로 이뤄졌다.
- 민족: 북부의 인도아리안족(72%)과 남부의 드라비다족(25%)이 주축을 이룬다. 나머지 3%는 아랍, 몽골족 등
- 종교: 힌두교(80.5%), 이슬람교(13.4%), 기독교(2.3%)
- 수도: 뉴델리, 경제수도이자 최대도시는 뭄바이, 그 외에 콜카타, 첸나이 등이 인구 1,000만 안팎 대도시임
- 화폐단위: 루피(Rupee, 2012년 3월 달러당 49.8루피)
- 국내총생산: 1조 8,430억 달러(2011년), 1인당 GDP 1,527달러
- 시차: 한국보다 3시간 30분 늦음
- 주요 자원: 석탄과 철광석이 풍부하다. 매장량 기준 석탄은 세계 4위고, 철광석은 세계 6위 규모다. 농업분야는 전체 GDP의 28%를 차지하며, 쌀과 밀, 면화, 차 등이 주요 작물

인도로 가는 길

15시간의 '다카~콜카타' 여정

　다카(방글라데시)와 콜카타(옛 캘커타, 인도 서벵골)는 원래 언어와 문화가 같은 한 국가였다. 영국의 식민지 통치를 거치고 종교 갈등이 빚어지며 국경선으로 분리되는 슬픈 역사만 아니었다면 지금도 한 나라에 있을 도시다. 지도상 두 도시를 잇는 직선거리는 약 240km. 가로막는 산도 없다. 그런데도 두 도시를 이동하는 데 15시간이 걸렸다. 국경선과 강(갠지스강)이 막고, 수많은 호수와 습지로 인해 낡은 우회도로를 달려야 하며, 시골 마을의 교통체증에 시달려야 하는 등 걸림돌이 너무 많은 탓이다. 두 도시를 잇는 '아시안하이웨이'가 고생길이 되다보니, 사람 왕래나 경제적 교류도 활발하지 않았다.

　다카의 남동부 모티질 지역에 위치한 BRTC(방글라데시 도로교통회사) 터미널. 다카와 인도 콜카타를 잇는 국제 노선버스의 출발지다.

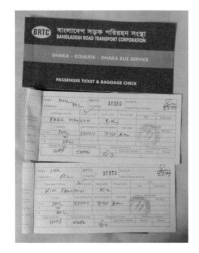

취재팀이 구매한
'다카~콜카타' 간 버스 티켓.

버스는 이곳에서 출발해 아시안하이웨이 1번 도로를 거쳐 최종목적지
인 콜카타로 간다. 승객당 요금은 1,200 타카(1만 8,000원)로, 취재팀은
아침 7시 30분에 출발하는 버스 승차권을 구입했다. 대략 저녁 6시~7
시 사이에 콜카타에 도착해 저녁을 먹겠다는 순진한(?) 생각이었다.

하지만 결론부터 얘기하면 '고난의 대여정'이자 '인내심과의 끈질긴
싸움'이었다. 다시는 되풀이하고 싶지 않은 길이었다. 버스터미널까
지 30분가량 걸린다는 얘기를 듣고 숙소를 떠난 시간은 오전 6시 40
분경. 하지만 끔찍한 다카의 교통체증이 이른 아침부터 말썽을 일으
키는 게 문제였다.

한 번 막히면 뚫릴 기미를 보이지 않는 탓에 요리조리 지름길을 찾아
터미널에 도착했더니 7시 32분이다. 2분 늦었을 뿐인데 버스가 보이지

방글라데시~인도를 오가는 국제버스에는 총을 든 안전요원이 탑승한다.

취재팀이 탔던 버스가 갠지스강을 건너기 위해 커다란 바지선으로 들어가고 있는 모습.

않았다. 이미 출발했기 때문이다(다카에서 유일하게 신속 정확했다). 고속버스는 다카 북서부 칼라바간에서 한 번 더 선다기에 따라잡으려고 서두르다가 탑승했던 차량이 신호대기 중인 앞차를 살짝 들이받는 사고까지 냈다. 우여곡절 끝에 사전 연락을 받고 기다리는 버스에 탑승한 시간은 오전 8시 20분. 긴장한 탓인지 온몸이 땀으로 흠뻑 젖었다.

'쉬야몰리(SHYAMOLI)'라는 마크를 붙인 45인승 버스에 탄 승객은 취재팀까지 합쳐서 25명. 버스 운전기사와 차장, 보안담당인 직원 등이 동승하고 있었다. 차장이 물 한 병과 간식용 도시락을 내미는데 '달걀, 과자, 난(인도식 빵), 야채소스'가 전부다. 취재팀은 아침을 먹은 후라 괜찮았지만 많은 인도인들은 간식을 가볍게 즐기는 모습이다.

방글라데시 국경도시 베나폴에서 인도로 넘어가는 모습. 국경선에 방글라데시 국기표시가 선명한 가운데 물건을 가득 실은 화물차들이 방글라데시로 들어오고 있다.

다카를 빠져 나온 후 사바르 다카EPZ을 지나자 도로는 왕복 2차선으로 줄었다. 버스는 거북이 운행을 하는 화물차와 낡은 용달차 등을 피해 중앙선을 넘나드는 곡예운전을 선보이며 아슬아슬하게 달렸다. 취재팀은 버스가 마주 오는 차량과 정면충돌하지 않을까 가슴을 졸여야 했다. 그러면서도 용케 모든 난관을 헤쳐나가는 운전기사 솜씨(?)에 탄복하는 사이 도착한 곳은 파투리아 선착장. 자무나강과 합쳐진 갠지스강을 건너는 곳이다. 강폭이 한강의 5~6배는 되는 듯 건너편이 수평선처럼 아스라이 보였다. 페리선을 타고 강을 건너는 데 무려 1시간 10분이나 걸렸다. 워낙 오래 걸린 탓에 꼼짝도 하지 못한 취재팀은 편안하게 오수를 즐길 수 있었다.

버스는 페리선에서 나오자마자 잠시도 쉬지 않고 왕복 2차선 도로에서 마구 경적과 사이렌을 울리면서 달렸다. 그러다가 '미구라 하이웨이 레스토랑'이라는 낡은 간판이 걸린 식당에 도착한 게 오후 1시 30분. 점심식사는 카레소스로 요리한 생선(혹은 닭고기)과 풀풀 날리는 쌀로 지어진 쌀밥이 전부였다. 1인당 식사비용은 120타카(약 1,800원)이다.

버스는 2시 14분에 출발해 2시간을 달려 국경도시 베나폴에 도착했다. 여기서 방글라데시 세관원은 국경 통과비용으로 300타카를 요구한다. 세관 통과 서류를 내주는 대가였다. 출국심사대로 가니 한 방글라데시 청년이 다가와 여러 가지 출국절차를 알려주더니 팁을 요구, 100타카를 주었다. 출국심사를 맡은 방글라데시인은 아라비아숫자를 제대로 모르는지 한국 여권을 보고 아예 숫자를 그려 나갔다. 하기야 한국인이라면 어느 누가 다카에서 콜카타로 가는 버스를 탈까 생각하니 쓴웃음만 나왔다.

한참 시간이 걸린 후에 다시 버스를 올라타 20여 m를 가니 이번에는 인도 경찰이 올라와 여권의 비자를 확인한다. 국경선을 넘었다는 증거였다. 현지에 사는 인도인이나 방글라데시인들은 서로 잘 아는지 국경선을 아무렇지 않게 통과하는데, 역시 외국인에게는 까다롭게 군다.

버스를 내려 인도 측 세관을 들르니 한 청년이 다가와 편의를 봐주겠다며 여러 가지를 물어보기도 했다. 그러더니 팁으로 다시 100타카를 줄 것을 요청했다. 이래저래 잔돈이 나가는 형국이었다. 심사절차도 느려 시간이 오래 걸렸다.

이래저래 모든 절차를 마치고 버스를 올라탄 시간은 6시 10분. 허름하고 아수라장 같은 양국 세관을 통과하는 데 1시간 30분이 걸렸다.

국경선에서는 떠오르는 인도 경제력이 방글라데시를 압도한다는 것을 실감할 수 있었다. 방글라데시에서 인도로 가는 화물차 행렬은 100여 m에 불과한 반면, 인도에서 방글라데시로 넘어가는 길에 세관 검사를 기다리는 화물차 행렬은 무려 2km에 달했다. 인도에서 방글라데시로 들어가는 물건이 압도적으로 많다는 얘기였다. 트럭에는 각종 농산물과 생필품 등이 주로 실려 있었다. 저부가가치 제품이 대부분이어서 이 길이 아직 진정한 산업도로로 자리매김하지는 못했음을 알 수 있었다.

콜카타로 들어갈 때 만난 시장, 길이 혼잡해 전진하기가 힘들었다.

    국경 표지판에서 본 콜카타까지 거리는 84km에 불과했다. 하지만 조그만 마을이나 도시를 지날 때마다 길이 막혀 도무지 전진이 이뤄지지 않았다. 도로가 자동차, 릭샤, 자전거, 사람으로 온통 뒤엉켜 있으니 어쩔 도리가 없었다. 어둠이 깔린 바깥 풍경을 보다가 밤 9시 30분께 도착한 곳은 '콜카타 국제터미널'이라고 쓰인 낡은 건물이었다. 다시 낡은 시내버스로 갈아타고 최종 목적지인 콜카타 뉴마켓에 도착하니 밤 10시 20분. 15시간 동안 버스로 달린 거리(페리선 이동거리는 제외)는 약 450km였다. 그 길은 아직 '하이웨이'가 아니라 '토일웨이 (Toilway, 고통의 길)'였고, 향후 발전을 위해 막대한 투자가 필요한 도로였다.

〈다카~콜카타 간 15시간의 여정〉

오전 7시 32분 : BRTC터미널 도착(고속버스 이미 출발)

8시 05분 : 취재팀 차량이 앞차를 들이받는 사고 발생

8시 20분 : 중간기착지에서 기다리는 버스에 탑승

9시 15분 : 사바르 다카수출가공공단 경유(도로는 왕복2차선으로 바뀜)

10시 33분 : 페리선 선착장이 있는 파투리아(Paturia)에 도착

갠지스강 건너는 데 1시간10분 소요

11시 43분 : 강 간너편 도우롯디아(Doulatdia) 선착장 도착

오후 1시 30분 : 미구라(Migura) 레스토랑에서 점심

4시 13분 : 국경도시 베나폴 도착

5시 20분 : 인도 입국심사

6시 10분 : 국경출발(방가온 경유, 콜카타까지 84km)

8시 10분 : 바라삿 경유(차량과 사람으로 교통체증)

9시 30분 : 콜카타 국제여객버스터미널도착(버스 환승)

10시 20분 : 최종목적지인 콜카타 뉴마켓 도착

인도에 진정한 '고속도로'는 없더라

델리(북), 뭄바이(서), 첸나이(남), 콜카타(동)는 인도의 4대 도시로 꼽힌다. 국토 위에 다이아몬드 형태로 놓여 있는 4대 도시를 고속도로로 연결하는 '황금 사각지대(Golden Quadrilateral)' 프로젝트는 도로건설의 최우선 과제다. 이 중 콜카타~델리를 잇는 1,500km 구간은 인도의 'NH2(National Highway 2번도로)'이며 '아시안하이웨이 1번 도로(AH1)'에 해당한다. 취재팀은 이 길을 달렸다.

도로 얘기를 할 때 알아둬야 할 사항은 인도의 '하이웨이'는 고속도로가 아니라는 것. 한국 방식으로 얘기하면 '하이웨이'는 국도이며 진

델리로 가는 하이웨이, 도로상태가 우리나라 국도보다 열악한 곳도 적지 않다.

콜카타~델리를 잇는 도로가 '내셔널 하이웨이 2번 도로(NH 2)'임을 알려주는 표석.

짜 고속도로는 '익스프레스웨이(Expressway)'로 표기된다. 특히 인도의 하이웨이(국도)는 여러모로 한국 국도보다 훨씬 상태가 좋지 않다. 그 길을 달리다보면 '과거와 현대의 공존, 인간과 동물의 공생, 질서와 혼돈의 뒤섞임'이라는 인도의 특징을 적나라하게 경험할 수 있다.

콜카타를 출발해 NH2로 들어서니 톨게이트와 함께 쭉 뻗은 왕복 4차선 도로가 반겨줬다. 시속 70~80km로 달릴 수 있을 만큼 널찍했다. '인도가 이렇게 발전했구나'라고 감탄하고 있는데, 그 기쁨은 채 20분도 지나지 않아 사라져버렸다.

우선 도로 가장자리에 분리벽이 없다. 이러다 보니 트랙터, 소달구지, 릭샤 등이 진입해 차선 하나를 차지하는 일이 계속 발생한다. 무단

횡단하는 주민들도 부지기수다. 중앙분리대는 대개 3~4m 넓이의 풀밭이나 1m 내외의 화단으로 조성돼 있는데 소떼나 염소떼가 이곳에서 풀을 뜯는 일도 많다. 이들 동물이 불쑥 도로에 들어서면 순간적으로 주행 질서가 무너져 내린다. 운전자들은 신경이 곤두선 채 곡예주행을 해야 하는 상황이 이어진다. 취재팀도 소 때문에 발생한 사고를 두 차례나 목격했다.

도로의 걸림돌이 워낙 많다보니 하루 200km를 이동하는 데 3시간이 걸렸다가, 어떨 때는 5~6시간이 걸리기도 하는 등 예측이 쉽지 않다. 도로가 마을이라도 지나게 되면 사람, 릭샤, 자동차가 마구 뒤섞이

버스 지붕을 좌석삼아 장거리 여행을 하는 인도인들. 길이 막혀 있어도 누구하나 불평하는 사람이 없다.

게 돼 하염없이 지체되기 일쑤다.

취재팀이 겪은 최악의 정체는 콜카타~아산솔 구간의 반나갈에 있는 '마의 5km'에서 발생했다. 줄지어 늘어선 트럭의 운전자들이 아예 길가에 나앉아 있었던 것. 왕복 4차선이 2차선으로 좁아지는 병목구간을 만났기 때문이다. 취재팀 차량은 이를 보고 얼른 차를 돌려 2km를 역주행했다. 그 후 반대편 차선으로 넘어가 달려봤지만 1시간이 훨씬 지나서야 정체구간을 벗어날 수 있었다. 다시 도로를 달리는데 화물트럭이 무려 8km에 걸쳐 두 줄로 늘어서 있다. 10m당 1대로 계산하면 무려 1,600대가 옴짝달싹 못하고 있는 셈. 정부의 도로건설이 늦어지면서 막대한 물류비용이 발생하는 현장이었다.

도로를 달리면서 버스 지붕에 앉아 가는 사람들도 자주 만났다. 인도의 최대 축제 중 하나인 '두르가푸자'와 '디발리' 기간에 맞춰 고향에 가는 사람들이 표를 못 구해 버스 지붕으로 올라간 것이다.

열악한 길이지만 요금은 받는다. 다만 톨게이트 대부분이 '수동식'이어서, 사람이 바리케이드 앞을 지키고 있다가 요금을 낸 뒤에야 열어주는 모습에 아연실색했다.

통행료(톨게이트 비용)는 싱글(Single)과 멀티플(Multiple)로 나뉜다. 멀티플은 하루에 같은 톨게이트를 왕복할 경우 전체 통행료로 싱글의 1.5배가량을 받는 방식이다. 보통 60km마다 톨게이트가 있는데 콜카타~단바드 구간에서 싱글 기준 통행료는 소형차 35루피(약 800

인도 서부 라자스탄에서 동부 콜카타로 팔려가는 낙타들이 2,000km 넘는 거리를 걸어서 이동하고 있다. 인도 도로에서는 소, 염소뿐만 아니라 낙타도 볼 수 있다는 게 신기했다.

원), 버스 125루피, 10t 이상 화물트럭 265루피였다. 고속도로변 주유소 기름값도 디젤의 경우 ℓ당 43~45루피(약 1,000원)로 한국보다는 저렴했다.

　길에서 고생할 때는 휴게소에서 잠시 쉬고 싶어진다. 하지만 휴게소라는 게 냉장고 하나 놓아두고 음료수, 카레, 난(인도의 빵) 등을 파는 게 전부인 구멍가게들이 대부분이다.

　이렇듯 상태가 좋지 않은 '하이웨이'의 총 길이는 6만 6,000km. 전체 도로 330만 km의 2% 남짓한 수준이다. 그나마 하이웨이 중 왕복 4차선은 5분의 1에 불과하다. 취재팀이 달린 NH2(콜카타~델리) 구간은 대부분 '왕복 4차선 하이웨이'였으니 인도에서는 최고 수준의 길을 달리는 호사(?)를 누린 셈이다.

"차도가 없는 나라는?"이라는 질문에 '인도'가 정답이라는 우스갯소리가 있다. 나라 이름 인도(印度)와 사람이 다니는 길 인도(人道)의 발음이 같다는 데 착안한 유머다. 미국 상무부도 인도의 공공교통, 도시 도로망, 지역 도로망 모두를 '푸어(Poor, 형편없다)'라는 식으로 표현했고, 도로 운전은 '매우 위험하다'고 평가했을 정도다.

인도도 이 같은 사정을 감안해 향후 5년간 인프라에 1조 달러를 투자하며 이 중 상당 부분을 도로에 투입할 계획이다. 하이웨이 건설 규모만 매일 20km(연간 7,000km)에 달할 정도다(익스프레스웨이는 거의 없다). 하지만 워낙 넓은 나라이고 특유의 '느릿느릿한 기질'로 인해 늦어지기 일쑤다. 세계은행은 1992년부터 2009년까지 계약된 도로건설의 82%가 공기를 초과했고, 도로 프로젝트의 40% 비용이 당초 예산보다 25~50%나 초과해 어려움을 겪었다고 지적했다. 이렇게 볼 때 인도의 낙후된 도로가 선진국처럼 쌩쌩 달릴 수 있도록 개선되기까지는 오랜 시간이 걸릴 수밖에 없을 것으로 전망되고 있다.

세계4대 철도대국

도로망이 지지부진한 인도에서도 세계적 규모를 자랑하는 교통 인프라도 있다. 바로 철도다.

인도 철도는 영국 식민지 시절인 1853년 처음 개통됐다. 영국이 식민지 수탈을 효율적으로 하기 위한 것이었지만, 어쨌든 한국 최초의 철도인 경인선 개통(1899년)보다 반세기나 앞선 셈이다. 1900년에는 이미 100여 개의 기차역이 들어서고 연간 2억 명의 승객을 실어 날랐다. 한때 수송분담률이 90%에 달했다.

내각에 철도부가 있을 정도로 비중이 높았지만, 인도 기차는 점차 쇠락의 길을 걷고 있다. 도로망 확대와 자동차 보급에 따라 승객분담률은 20% 미만, 화물수송 분담률은 40% 미만으로 떨어진 것. 최근에는 국가적 차원에서 항공산업을 키우면서 입지가 더 좁아졌다. 하지만 총연장 6만 4,000여 km, 7,500여 개의 역, 고용인력 140만 명, 연간

힌두교의 성지인 바라나시의 기차역 내부 풍경. 오랜 시간을 기다리느라 지친 사람들이 바닥에 누워 있다.

예산 1,280억 달러(146조 원)를 자랑하는 철도 네트워크는 여전히 미국, 러시아, 중국에 이어 세계에서 네 번째다.

취재팀은 160년 역사를 자랑하는 인도 열차를 경험해 보기로 했다.

먼저 들린 곳은 힌두교의 최대 성지인 바라나시 기차역. 힌두 축제인 '두르가푸자'를 맞아 9개 플랫폼마다 순례객과 귀성객들로 발디딜 틈조차 없다. 대합실에선 계급에 관계없이 바닥에 누워 기차가 오기를 기다린다. 대목을 맞은 쿨리(짐꾼)와 릭샤꾼들도 호객하느라 여념이 없다. 쿨리들이 큰 가방 하나를 옮겨주고 받는 돈은 보통 50루피(약 1,000원). 자기 몸집보다 더 큰 가방을 머리에 이고, 양팔에 들고서 계단을 오르내리는 모습은 '생활의 달인' 그 자체다.

기차의 종류를 알아보니 차종과 정차역수, 부대서비스 등에 따라 10여 종류로 나뉜다. 가장 비싼 두론토(Duronto)는 2009년에 처음 도입됐는데 델리, 뭄바이, 콜카타 등 대도시를 논스톱으로 연결한다. 그다음 고급열차는 라즈다니와 샤따브디다. 정차역이 많지 않고, 실내 공간도 비교적 널찍하다. 도시락, 차, 생수 등이 무료로 제공된다.

취재팀은 바라나시~알라하바드 구간 125km에서 기차를 타려고 했다. 하지만 예약을 하지 않은 탓에 표를 구할 수 없었다. 결국 취재팀은 뉴델리와 힌두교 성지인 하리드와르를 잇는 구간에서 '샤따브디' 차종을 타는 경험을 했다. 운임은 435루피(약 1만 원)로 4시간 35분이 걸렸다.

객차 수준은 한국에서 운행되던 통일호 수준. 차창 밖의 풍광은 산

바라나시역에서 무거운 짐을 멘 채 계단을 오르는 짐꾼들.

이 없는 가운데 낡고 허름한 마을, 벼가 자라는 들판, 평평한 숲의 연속이다 보니 지루함이 느껴진다. 주변을 돌아보니 인도인들은 아무런 불평 없이 조용히 앉아 있다. 하기야 델리~첸나이, 콜카타~방갈로르 구간은 36시간씩 걸린다는데 5시간도 안 되는 거리를 가는 게 무슨 불만이겠는가. '느긋한 인도인'을 닮고자 했더니, 오히려 마음이 편해지는 느낌이다.

　기차를 타고 가만히 보니 직선 기찻길에서는 빠른 속도로 달리지만 갈림길이 나오면 속도가 내려간다. 철로가 낡아 자칫 탈선의 위험이 있어 저속으로 달렸던 것. 그러다 보니 시간이 많이 걸린다. 철도의 현대화가 절실히 필요하다는 얘기다. 실제로 인도 정부는 향후 10

뉴델리역의 풍경. 앉아 있는 노동자의 표정에서 삶의 무게가 느껴진다.

년간 철도 확장과 개보수에 3,111억 달러를 투자한다는 계획을 발표한 바 있다. 시속 300km에 달하는 고속철도 건설을 위한 입법도 준비 중이다. 델리~암릿차르, 델리~바라닛~파트나, 하이데라바드~첸나이, 콜카타~할디아 등에 건설되는 것으로 현재 4개 노선은 영국, 프랑스, 스페인 등의 컨소시엄과 계약을 했다. 하지만 중국보다 훨씬 '만만디(慢慢的, 느릿느릿한)'인 인도의 특성상 과연 계획대로 될 지는 의문이다.

2010년 교통사고로 16만 명 사망: 관련비용은 23조 원

'길가에 넘어져 있는 과적 트럭, 졸음운전을 한 탓인지 정차돼 있는 차량의 뒷꽁무니를 들이받은 화물차, 지붕 위까지 가득 손님을 태운 채 기우뚱한 모습으로 지나가는 버스, 도로 중앙분리대 부분에서 풀을 뜯는 소와 염소….'

인도의 '아시안하이웨이'를 달리다 본 풍경들이다. 낡은 자동차뿐만 아니라 사람과 소, 염소까지 도로에 출몰하다 보니 사고 위험이 매우 높다. 특히 밤에는 헤드라이트를 환하게 밝히고 달리는 게 일반 상식처럼 되어 있어 도로 위의 장애물을 식별하기도 어렵고 발견했더라도 피하기가 쉽지 않다.

이처럼 교통질서가 제대로 자리 잡혀 있지 않은 탓에 사고가 워낙 많이 발생한다. 인도 교통당국이 추산한 사고 통계를 보면 2009년 한 해 동안 도로 교통사고로 사망한 인원은 12만 5,660명. 중경상을 입은 사람도 51만 5,458명에 달했다. 2010년의 경우 공식 통계는 아니지만 교통사고 사망자가 무려 16만 명에 달할 것으로 추정된다는 보고서도 나와 있다.

국제도로연맹(IRF)의 카필라 회장은 최근 세미나에서 인도의 교통사고와 관련 "도로 교통사고가 심각한 이슈인데 거의 관심을 받지 못하고 있다. 도로 교통사고로 인해 발생하는 손실이 연간 GDP(국내총생산, 2010년 1조 4,000억 달러 추정)의 1.5%에 달하는데도, 도로 안전을 위해서는 관련 예산의 10%도 쓰지 않는다"고 지적했다.

도로에서 발생한 교통사고로 인해 발생하는 비용은 연간 1조 루피. 한국돈으로 23조 원에 달하는 규모다. 인도 정부는 이러한 비용을 2020년까지 절반으로 감축하려는 계획을 추진 중이다. 이를 위해서는 도로를 설계하고 건설할 때, 보행자와 시골사람들의 사고를 막기 위한 충분한 시설이 갖춰져야 하는 것으로 지적되고 있다. 하지만 도로상태가 선진국처럼 좋아지지 않고 도로 운행과 관련해 운전자나 보행자의 충분한 교통의식이 자리 잡히지 않는 한, 교통사고에 따른 값비싼 대가는 상당기간 계속 치러야 할 것으로 예상된다.

인도 콜카타~델리를 잇는 고속도로(Highway)에서 목격한 교통사고 현장들.

종교의 발상지, 해탈의 경지

힌두교의 세계

인도는 힌두교, 불교, 시크교, 자이나교의 발상지다. 외래종교인 이슬람교도 자리잡고 있으며 기독교, 천주교, 조로아스터교까지 들어와 있다. 가히 종교의 천국이라고나 할까? 종교가 발생한 지역이다 보니 성지가 수천 군데에 이를 만큼 많다. '아시안하이웨이 1번 도로(AH1)'에서 힌두교, 불교, 시크교의 성지들을 두루 탐방할 기회를 가졌다. 특히 세계 3대 종교의 하나로 10억 명의 신자가 있다는 힌두교의 대표적 성지를 갠지스강을 거슬러 올라가며 찾아봤다.

바라나시(Varanasi)의 첫 인상은 성(聖)스러움과 거리가 멀었다. 시내로 들어서니 비포장길에 먼지가 풀풀 날리고 쓰레기도 여기저기 널려있다. 자동차, 오토바이, 자전거 릭샤에 소떼와 말까지 도로를 차지한다. 건물들도 하나같이 낡고 지저분한 모습이다. 외곽도로에서 시내에 들어가는 데 1시간 이상이 걸렸다.

히말라야에서 발원한 갠지스강은 바라나시에서 북쪽으로 굽이쳐 올라오다가 동쪽으로 빠져 나간다. 이러한 지형은 힌두교 시바신 이마에 있는 반달을 상징한다. 힌두적 표현으로 '아내(갠지스강, 인도식 표현은 강가)가 남편(시바신, 바라니시)을 감싸 안으며 탑돌이한다'는 것이다. 그래서 대표적인 성지가 됐고, 90% 이상의 힌두교도들은 죽은 뒤 바라나시에서 화장되길 원한다. 가장 성스러운 신의 땅에서 육체를 벗고 죄를 씻어내길 바라며.

저녁 7시면 매일 1시간 동안 갠지스강변(다샤스와메드 가트)에서 강가 여신을 향해 행해지는 아르띠(Arti)라는 제사의식을 지켜봤다. 모든 것을 정결하게 해주는 불의 의식을 지켜보는 수많은 신도들의 표정이 진지하기만 하다.

바라나시 체험의 진수를 느끼기 위해 일출시간에 갠지스강에서 보트를 탔다. 5시 30분인데도 성스러운 물로 목욕을 하는 순례객들로 빼곡하다. 특히 인도 초대대통령의 이름을 딴 '라제드라 프라사드 가트(가트는 강으로 이어지는 계단)' 앞에 사람들이 가장 많았다. 남성과 아이들은 웃통을 벗은 채로, 여성들은 사리를 입은 채로 물속을 들어간다. 갠지스강 목욕이 모든 위험으로부터 자신과 가족을 보호해주고 정화도 시켜준다는데 과연 그러는지 의문도 들었다.

강을 따라 조금 내려가니 연기가 피어오르는 곳이 있는데 바로 화장터다. 호기심에 앞으로 다가가 보니 1m가량 쌓인 장작더미 위에 천

힌두교의 성지인 바라
나시의 갠지스강변에서
불꽃을 강물에 띄우며
소원을 비는 인도인들.

으로 감싸인 시신이 놓여 있는데 6명의 남성들이 시신을 가운데 놓고 돌고 있다. 한 남성은 하얀 액체를 시신에 뿌리기도 했다. 그때 현장에서 일한다는 한 청년이 취재팀에게 화장의식을 설명해줬다.

"남성들이 시신 주변을 5번 돈다. 이는 세상을 이루는 흙, 물, 불, 공기, 하늘을 상징하며, 영혼이 편안한 휴식처를 찾아가도록 기원하는 의미가 있다. 하얀 액체는 버터로 화장이 잘 되도록 도와준다. 화장 비용은 장작값과 불씨값을 합친 금액이다. 장작 중 제일 비싼 것은 백단 향나무다. 일반인들은 kg당 250루피(6,000원)인데 한 사람이 화장하는 데 200kg가량 들며 3시간이 걸린다. 불씨 값은 유족의 재력에 따라 다른데 돈이 없으면 100루피도 되지만 부자들은 10만 루피가 될 수도 있다. 5000년 동안 한 번도 꺼지지 않는 성스러운 불씨이므로 값이 비싸다."

동이 트는 새벽에 바라나시의 갠지스강에서 힌두교도들이 축복을 받고자 목욕을 하고 있다.

바라나시의 화장터인 '마니카르니카 가트(계산하는 곳이란 의미)'의 모습.
윗 건물은 병약한 환자나 노인들이 죽음을 기다리는 호스피스 건물이다.

화장터 바로 위를 보니 조그마한 장작불이 계속 타오르고 있다. 확인할 길은 없지만, 바라나시 화장터의 역사가 힌두교 역사만큼 오래된 것은 분명해 보인다.

화장장 바로 위층은 호스피스 건물. 병약한 환자들이나 노인들이 죽음을 기다리는 곳이다. 힌두교의 철학은 카르마(업보)와 윤회(Karma)로, 죽음은 끝이 아니라 또 다른 시작이다. 환자에게 죽음을 기다리는 것은 내세로 향하기 전 평생 쌓은 업보를 조금이나마 씻어내는 성스러운 의식이다. 그래서인지 화장터에서도 우는 사람을 한 명도 보지 못했다.

나오면서 보니 화장터가 있는 곳의 이름이 '마니카르니카(Manikarnika) 가트'다. '계산하는 곳'이라는 의미다. 죽음의 시점에서는 살아있을 때 행한 선과 악의 대차대조표만 남는다는데, 과연 이 곳에서 무엇을 계산하는 지 궁금했다.

힌두교에서 창조의 신인 브라흐마가 처음 지상에 발을 내디딘 곳이 알라하바드(원래 지명은 프라야그)라고 한다. 성스러운 갠지스강과 야무나강이 만나는 곳으로 모든 순례지 중 으뜸으로 꼽혔다. 강물이 만나는 지점인 상감(Sangam)을 가보니 어마어마하게 넓은 공터가 끝없이 펼쳐져 있다. 군대에 속한 부지로 축제 때는 수백만 명이 먹고 자도록 천막이 펼쳐지는 곳이다.

상감에서는 매년 1~3월이면 마그 멜라(Magh Mela)로 불리는 축제가 6주일간 벌어진다. 이게 12년마다 대대적인 규모로 열려지는 쿰브 멜라(Kumbh Mela)로 확대되고, 그 사이에 6년 간격으로 아르드 멜라 (Ardh Mela)가 열린다. 쿰브 멜라란 비슈누신이 불멸의 신주(불로불사의 명약)를 담고 있는 쿰브(주전자)를 지키려다 지상 4곳(알라하바드, 하리드와르, 나시크, 우자인)에 방울을 떨어뜨린 것을 기념하는 축제로, 알라하바드가 대표적이다. 2007년 '아르드 쿰브멜라' 때는 7,000만 명이 몰렸으며, 주 정부가 준비한 예산만 75억 루피(약 1,700억 원)에 달했다. 하루에만 수백만 명이 몰려들다보니 인파에 떠밀려 수백 명이 압사하는 사고가 외신으로 전해지기도 한다. 그래도 성지에서 죽는 것을 행복으로 여긴다니 외지인의 눈으로는 이해하기 힘들었다.

힌두교도들에게 추앙받는 두르가여신을 기리는 축제 기간 중
인도 여성들이 음악에 맞춰 춤을 추고 있다.

타지마할로 유명한 아그라(Agra)를 들를 때는 힌두축제인 '두르가 푸자(Durga Puja)'의 마지막 날이었다. 두르가 여신은 18개의 팔을 지녔으며, 괴물적 힘을 가진 물소 '마히샤'를 물리친 것으로 표현된다. 이를 기념하는 축제의 마지막 날에는 두르가 여신상을 성스러운 강에 떠내려 보내는 의식을 행한다.

아그라를 흐르는 야무나강에서도 그런 의식이 행해졌다. 동네마다 수십에서 수백 명의 주민들이 두르가 여신상을 강가로 모셔오는데 노래를 틀어놓고 춤을 추는 등 모두의 표정이 행복했다. 무사히 축제를 치르고 난 후 신의 은총을 듬뿍 받은 결과이지 않을까 하는 생각이 들었다.

고도가 249m인 하리드와르(Haridwar)는 물살이 제법 빠르다. 그런데도 강변마다 목욕을 하는 사람들로 그득했다. 갠지스의 성수로 몸과 마음을 정결하게 하고자 하는 힌두교도들이다. 힌두교도들이 가장 목욕을 하고 싶어 하는 장소인 하리드와르의 뜻은 '신의 문'이다. '신의 영역'인 히말라야에서 내려온 갠지스강이 처음으로 '사람의 영역'인 평원을 만난다는 의미를 지닌다. 원래 신화에서는 갠지스강이 하늘을 흘렀는데, 사람들을 위해 땅으로 끌어 내려졌다고 한다. 힌두교도들에게는 '하늘의 강'인 갠지스강물에 목욕하는 게 당연히 중요할 수 밖에 없다. '빛의 축제'로 불리는 디왈리 기간에는 도시 5km 밖에서부터 차량 출입이 금지될 만큼 붐빈다.

강변을 둘러보노라니 일부 남성들이 강바닥에서 모래를 퍼올려 열심히 들여다보는 모습이 눈에 띄었다. 사금을 찾는 게 아니냐고 물었더니 그게 아니고 부자들이 강물에 던지는 각종 귀금속을 찾는 중이라고 했다. 갠지스강을 통해 귀금속이 부자에서 빈자로 '윤회'하는 모습이었다.

힌두(Hindu)는 페르시아어로 인더스강(산스크리트어로 Sindhu, 큰 강) 너머에 살던 사람을 가리키는 데서 처음 시작됐다고 한다. 종교적으로 구분된 것은 과거 인도(옛이름은 힌드)를 지배한 무슬림들이 이

하리드와르에서 목욕하는 인도인들.

슬람교를 믿지 않는 사람들을 지칭한 데서 비롯됐다.

워낙 다양하고 방대한 의례 수행체계 교리, 설화, 성전 등을 가지며 생활규범, 도덕, 사회관습, 규범의 총체를 말하다 보니 종교라기보다는 인도인의 세계관에 가깝다. 힌두교도에 대한 정의도 분명치 않을 만큼 비정형적이며, 지도자도 없는 비조직적인 종교다. 3000년 넘게 인도인의 의식세계를 지배해왔으면서도 창시자나 율법이 없다. 베다와 우파니샤드 같은 경전이 있긴 하지만 한 번이라도 읽어본 사람은 10분의 1도 안 된다.

힌두교의 신˚은 '300만 혹은 3억'이라고도 하며 힌두교도 숫자에 맞춰 10억에 달한다는 얘기도 있다. 본래 신은 하나이지만 사람의 능력과 수준과 생각에 따라 다른 형태로 숭배되는 것(수많은 신 가운데 가장 존귀한 '3신'은 창조의 신 브라흐마, 보존의 신 비슈누, 파괴의 신 시바이다). 교리를 따지지 않기 때문에 외래사상과 종교에 대해 배타적이지도 않다.

힌두교에는 수천 년의 역사와 넓은 영토, 어마어마한 인구가 얽혀

˚ 라마크리슈나는 19세기 말 자신의 신앙심에 대해 "모든 종파와 종교가 비록 다른 길을 걷더라도 한 걸음 한 걸음 향하고 있는 대상은 같은 신이라는 것을 알아야 한다"고 말했다. 우주에 대한 이 같은 일원론적 사고는 힌두교의 근원을 이루는 것으로 해석된다. 이에 따르면 우주는 모든 부분이 살아 있으며, 그 과정에서 무수한 출현자들은 '창조-유지-파괴'라는 영겁의 순환이 나타내는 양상에 불과한 것으로 해석된다.

사는 인도의 복잡다단한 특성이 고스란히 배어있다. 카스트라는 제도는 3500여 년 이상에 걸쳐 편입의 원리에 의해 발전해왔다. 새롭게 인도 사회에 흡수되는 사람들의 관습을 없애지 않고, 계급 질서의 가장 낮은 지위에 위치하도록 한 것이다. 그래서 브라만(성직자), 크샤트리아(군인), 바이샤(농민), 수드라(천민) 외에 불가촉천민이 있고, 그 밑에 외국인이 올 수도 있다. 계급이 다른 사람끼리 결혼하면 해당 계층에서 떨어지는 결과를 낳게 된다.

그렇다면 인도인들은 상호 계급을 어떻게 알까? 대부분 성만 들으면 알게 된다고 한다. 상대방의 성씨를 듣고서 바로 알아맞힌다는 얘기다.

힌두교는 특히 다르마(Dharma, 정의 혹은 의무)에 따른 생활과 최고 정신을 탐구하는 생활 철학적인 종교이기도 하다. 힌두 생활을 전혀 해보지 않은 취재팀으로서는 아무리 인도인 시각을 갖고 접근하려고 해도 여전히 알 수 없는 피안(현세가 아닌 진리를 깨닫고 도달할 수 있는 이상적 경지)의 존재일 수밖에 없었다. '장님 코끼리 만지기'보다 더 심했다고나 할까.

두르가 푸자 축제에 사용될 두르가여신상을
옮기고 있는 콜카타의 젊은이들.

인도의 시간과 서양의 시간

인도식의 시간은 0을 더해가는 문제로 인식된다.

브라흐마의 하루인 1겁(Kalpa, 劫)은 86억 4000만 년에 해당한다. 《잡아함경》에서는 이를 사방과 상하로 1유순(약 15km)이나 되는 성안에 겨자씨를 가득 채우고 100년마다 겨자씨 한 알씩을 꺼낸다. 그렇게 겨자씨 전부를 꺼내도 겁은 끝나지 않는다는 것. 또 사방이 1유순이나 되는 큰 반석을 100년마다 한 번씩 흰 천으로 닦는데, 그렇게 해서 돌이 다 닳아 없어져도 겁은 끝나지 않는다고 설명한다. 반면 17세기 영국 성공회의 대주교인 제임스 어셔는 전혀 다른 계산을 내놨다. 그는 《구약성경》을 근거로 삼아 지구를 창조한 날이 기원전 4004년이라고 계산했다. 1642년 케임브리지대학의 라이트풋 박사는 그 시간을 더욱 세밀하게 계산해 지구 창조시간이 기원전 4004년 10월 23일 오전 9시라고 발표했다. 이러한 창조론식 시간 계산은 시간이 한 차례뿐이며 되풀이되지 않는 현상으로 보는 서양의 사고방식을 그대로 보여준다고 하겠다.

히말라야 초입에 위치한 요가의 도시 리시케시에서 성지를 순례하는 한 인도인이 맨발로 길을 걷고 있다.

인도의 불교

콜카타에서 바라나시에 가는 길에 들른 비하르주의 보드가야. 조그마한 시가지가 나타나더니 태국, 중국, 티벳 등 불교신도가 있는 나라들의 사원이 보인다. 부처를 기념하기위해 세운 곳이다.

걸음을 옮겨 마하디 사원으로 향하니 높이가 50m에 이른다는 마하보디대탑이 보였다. 들어가려니 신발을 벗고 맨발 차림이 되란다. 힌두사원처럼 경건함을 유지해야 한다는 것. 사람들의 행렬을 따라 들어가니 자비로운 부처상이 반겨줬다.

사원이 크지 않은 만큼 부처를 알현한 후 주변을 돌아봤다. 경건하

부처가 깨달음을 얻은 보드가야의 마하보디대탑과 불교 신도들.

게 머리를 조아리는 스리랑카에서 온 중년 여인, 사원 쪽을 바라보며
오체투지를 하는 남성, 사원 밖을 오가며 열심히 묵상하는 태국 청년,
불교 경전을 암송하는 할머니, 눈을 감고 기도하는 승려 등 모두 부처
아래에서 일심동체가 된 모습이다. 취재팀에게도 저절로 불심이 일어
나게 만드는 모습이었다.

　사원 뒷편을 돌아가니 부처가 35세에 깨달음을 얻었다는 보리수가
보인다. 물어보니 원조 보리수의 묘목이 스리랑카로 갔으며, 그 나무
의 가지를 다시 보드가야로 가져와 심은 게 지금의 보리수라고 전해
줬다. 부처가 해탈할 당시 보리수의 손자뻘인 셈이다(나오다보니 사
원입구 옆 조그마한 골목길에 한글 가격표를 내걸은 가게가 2군데 보

마야보디대탑 내부의 부처님상 앞에서 신도들이 참배하고 있다.

이고, 시 외곽에는 고려사라는 한국 사원이 있었다).

불교는 당초 힌두교의 카스트제도, 신에 대한 무조건적인 숭배 등에 대한 반동으로 나왔다는 게 정설이다. 부처도 갠지스강의 성스러운 물에 목욕을 하면 모든 죄업이 소멸된다는 힌두교도의 믿음에 대해 "강물로서 해탈할 수 있으면 거북이나 물고기들이 먼저 해탈했을 것"이라고 말했다. 아소카 대왕으로 대표되는 마우리아 왕조와 굽타 왕조 시대에 전성기를 누렸다.

하지만 모든 종교를 두루 받아들이며 부처도 '보존의 신 비슈누'가 세상을 모습을 보일 때, 즉 환생할 때의 아홉 번째 화신이라고 해석해 버리는 힌두교의 흡수력에 융화됐다. 10세기 이후에는 이슬람 물결에 밀렸다. 현재 인도에서 불교도의 인구는 전체의 0.8% 수준. 세계적인 종교 발상지인데도 초라한 보드가야의 모습이 인도에서 불교가 차지하는 현 위상을 상징적으로 보여주는 듯 했다.

시크교

머리에 두른 터번과 '싱(Singh)'이라는 성씨로 상징되는 시크교. 그들의 최고 성지는 파키스탄 국경과 가까운 암릿차르(Amrtitsar)의 황금사원이다. 성스러운 호수 가운데에 그다지 크지 않지만 황금빛으로 빛나는 이곳은 종교와 관계없이 무료로 개방된다.

황금사원에 들어가기 위해서는 우선 맨발이 돼야했다. 머리에 두건

시크교의 성지인 암릿차르의 황금사원에서 한 시크교도가 성수로 여겨지는 호숫물에
아이를 목욕시키고 있다.

을 두른 다음 조그맣게 물이 고인 곳에 들어가 발에 물을 적시는 게 준
비과정의 전부다. 바로 정문을 들어서니 시크교도들은 사원을 향해 모
두 머리를 조아리며 경의를 표하고 있다. 황금사원을 바라보며 연못을
한 바퀴를 도는 데 신성한 물이라고 하면서 목욕을 하는 사람이 많았다.

　황금사원으로 들어가려니 길게 줄이 늘어서 있다. 사원 안에 놓여
있는 것은 시크교의 성서인 《구루 그란트 사히브(Guru Granth Sahib)》
다. 이는 시크교 구루 10명의 가르침을 담고 있다. 그중 시크교 창시자
인 구루 나낙은 이슬람교나 힌두교 관심에 별다른 감흥을 받지 못한
반면, 가정생활과 힘든 일에 대한 가치를 믿었다. 계급을 나누는 카스
트제도를 싫어해 모든 성인 남성들은 '싱'이라는 성씨로 통일된다. 구

루 나낙은 자작곡인 키르딴(시크교 찬송가)을 불렀는데, 황금사원 안에서도 그 노래는 계속 불려지고 있었다.

사원을 나오는데 우람한 시크교도가 큰 광주리 같은 데서 떡 같은 것을 맨손으로 떠서 건네준다. 밀가루와 설탕 등을 버물려 만든 것이었다. 한 손으로 받으려고 했더니 두 손을 모아서 받으란다. 신의 은총을 받은 성스러운 음식이기 때문으로 여겨지는데 먹어보니 나름 맛이 괜찮았다.

평화로운 황금사원은 1984년 펀잡주의 독립을 원하는 시크교 분리주의자들에 의해 점거됐다. 이를 진압할 때 사원이 훼손되면서 펀잡주의 시크교도와 힌두교도 간 충돌이 발생했고, 그 과정에서 수천 명

시크교의 성지인 암릿차르의 황금사원 내부 전경. 시크교 경전이 놓여 있는 가운데 시크교도들이 기도를 하고 있다.

의 사망자가 발생했다. 진압명령을 내린 인디라 간디 당시 인도 총리는 시크교도 경호원들에게 살해되는 비운을 겪었다. 그래서인지 시크교도는 다소 폭력적이라는 이미지로 국내에 알려진 것도 사실이다.

하지만 현장에서 본 시크교도들의 삶은 평온했다. 열심히 일하는 것을 기본 덕목으로 여기는 시크교도들인지라, 펀잡주는 인도에서도 가장 잘 사는 지역으로 자리잡았다. 현재 인도 총리(만모한 싱)가 시크교도일 정도로 힌두교와의 관계도 돈독해졌다.

기가막혀

세상에서 가장 행복한 인도의 우공(牛公)

인도를 여행해본 사람은 누구나 겪겠지만, 거리에 사람만큼이나 소가 많다. 시내 도로를 휘젓고 다니는 것은 예사고, 고속도로 한가운데서 느긋하게 거닐며 자동차들을 줄줄이 기다리게 만들기도 한다(물론 번화한 도심은 먹을 거리가 부족한 탓인지 별로 없다).

인도의 소는 색깔과 용도에 따라 두가지로 나뉜다. 물소처럼 생긴 검은 소는 우리의 젖소에 해당한다. 주로 우유를 짜내는 용도다. 이에 반해 흰 소는 농사를 짓는 데 쓰인다.

그렇다고 기르는 방식이 다른 것은 아니다. 둘 다 '방목'이다. 아침에 집을 나가 풀을 뜯어먹든 쓰레기를 뒤져 먹든 알아서 끼니를 해결하고, 해가 저물면 집으로 돌아온다. 이러다 보니 도시의 쓰레기장 같은 곳에는 어김없이 소떼들이 '잔치(?)'를 벌이는 장면을 목격할 수 있다.

하지만 소떼가 아무리 불편을 야기해도 인도인들은 절대 소를 때리거나 쫓는 경우가 없다. 힌두교에서 소를 신성시하기 때문이다. 소는 힌두교의 신이 신화 속에서 타고 다닌 동물로 표현된다. 그렇기 때문에 인도 소에게는 '도축'이란 있을 수 없고, 오로지 '자연사'만 있을 뿐이나 (물론 예외 없는 법칙은 없다는 얘기처럼, 일부 하층계급에서는 소고기를 먹는 경우도 있다).

죽은 뒤에는 사람처럼 화장을 하는데 부자들은 아끼던 소가 죽으면 땅에 묻어주기도 한다.

소들이 왕복 4차선의 국도를 여유롭게 걸어 이동하고 있다.

세계 최대의 '민주주의 정치체제'

'네루 왕조 요람' 알라하바드를 가다

'이곳은 벽돌로 지어진 단순한 구조물이 아닙니다. 인도의 자유를 향한 투쟁과 뗄래야 뗄 수 없는 관계가 있는 건물입니다. 여기에서 (독립을 향한) 위대한 결정이 이뤄졌고 위대한 행사가 열렸습니다.'

알라하바드시에 있는 '아난드 바완(Anand Bhawan, 인도의 초대 총리 네루가 살던 집)' 입구에는 이 같은 글귀가 새겨져 있다. 인구 150만의 도시에 위치한 이 건물이 20세기 이후 인도 정치를 이끌어온 '로열 패밀리' 네루-간디 가문의 요람이다.

건물을 들어가려니 입장권을 사란다. 외국인 입장료는 100루피(인도 국민은 10루피). 평일인데도 인도 각지에서 온 듯한 방문객이 200~300명은 되어 보였다. 대부분 나이 지긋한 노인들로 네루와 그의 딸인 인디라 간디 시대의 향수를 더듬는 표정이다. 청소년들도 많이 눈에 띄었다. 현장 직원에게 물으니 "하루 입장객이 평균 1,000명은 넘는 것 같다"고 답해줬다.

관람객에게 개방되는 곳은 건물의 2층. 올라가니 좌측으로 네루 유품 전시장, 네루의 침실 , 네루의 드레싱룸이 보이고, 오른쪽으로 도니, 국민회의 간부들이 3차례나 전국회의를 했다는 서재, 마하트마 간디가 자주 묵었다는 방, 인디라 간디의 침실 등이 자리잡고 있다. 간디가 머물던 곳에는 소박한 침대가 놓여 있고, 어린 인디라 간디가 마하트마 간디와 함께 재롱을 부리면서 찍은 사진이 걸려 있어 사람들의 눈길을 끈다.

인도 최대의 정치가문 네루 일가의 본산지인 알라하바드의 네루 생가 '아난드 바완'의 모습.

네루의 부친인 모틸랄 네루의 유적도 곳곳에 남아있다. 우리에겐 잘 알려지지 않았지만 모틸랄 네루 역시 인도 국민회의당 대표를 지낸 독립운동 지도자로 '네루-간디' 가문의 1세대이자 산파라고 할 수 있다. 네루 가문은 '모틸랄 네루-자와힐릴 네루(인도 초대총리)-인디라 간디(딸이며 전 인도 총리)-라지브 간디(전 인도 총리)-라훌 간디(현 상원의원)'까지 5대째 이어진다. 아난드 바완의 앞마당은 마하트마 간디의 축복을 받으며 인디라 간디가 파르시(조로아스터교 공동체) 출신인 페로즈 간디와 결혼한 곳이기도 하다.

'네루 왕조'는 여전히 진행형이다. 5세대 주자는 인디라 간디 전 총리의 손자이자 현 집권당인 국민회의당 소니아 간디 당수의 아들인 라훌 간디 의원(41세). 미국 하버드대를 나와 인터넷회사를 경영하다 2004년 정계에 입문한 라훌은 사무총장 자격으로 2009년 집권당의 총선 압승을 진두지휘하며 일약 스타덤에 올랐다. 인도인들은 몇 년 안에 그가 총리에 오를 것이라는 데 이의를 제기하지 않는다.

인도 국민들은 네루가문 '황태자'의 총리 취임을 기대하지만, 외국인들에겐 인도 정치가 이해할 수 없는 모순 덩어리다. 인도 독립 후 1964년 중 무려 37년을 네루가문이 3대에 걸쳐 집권했다. 지금도 라지브 간디의 미망인인 소냐 간디가 국민회의당 당수로서 총리 위에 군림하고 있는데, 국민들은 왜 '네루왕조'에 무조건적인 지지를 보내는 것일까?

네루 전 총리와 마하트마 간디의 대화.

우선 힌두교에 기반한 뿌리 깊은 신분제도에서 답을 찾아야 한다. 인도 역사만큼이나 오래된 카스트제도의 영향으로 인도에선 능력보다 출신가문이 공천과 당락을 좌우한다. 외형적으로는 민주주의지만 내용면에서는 봉건주의인 셈이다. 국토가 워낙 넓고 지방색이 강한 정치구조 탓에 신진 정치인이 전국적으로 이름을 알리기 힘든 것도 기존 정치가문이 계속 유지될 수 있는 배경이 된다.

네루가문뿐만 아니라 지난 2009년 치러진 총선에서 당선된 30~40 대 젊은 의원들은 대부분 가문의 후광을 등에 업은 2세나 3세들이었다. 인물검증이 생략된 민주주의는 부패로 얼룩질 수밖에 없다. 인도 국회의원 가운데 4분의 1이 범법자라는 통계도 있다. 급여 체계를 봐도 부패는 공공연한 비밀이다. 총리, 주지사, 국회의원 등의 공식 월급은 4만 루피(약 88만 원)에 불과하다. '비공식' 소득이 없다면 생활이 불가능한 수준이다.

2011년 인도 전역을 가장 뜨겁게 달군 사건도 70대 사회운동가 하자레의 '반부패 단식투쟁'이었다. 2011년 4월 노 운동가가 목숨을 건 투쟁에 나서자 전국에서 10만여 명의 시민이 반부패 시위에 참여했다. 인도 정부는 부패방지법안 입법을 약속하고 나서야 하자레의 단식을 멈출 수 있었다.

과거 국력이 융성하던 시절에 대한 향수도 유권자들을 네루 가문에 투표하게 만든다. 자와할랄 네루는 미-소 냉전 시기 비동맹노선을 이끌며 제3세계의 리더 역할을 했다. 카스트개혁과 종교 간 화해, 경제개발 등 내정 면에서는 큰 업적을 남기지 못했지만, 국제무대에서는 단기간에 신생독립국 인도의 존재를 각인시켰다.

인디라 간디도 강력한 리더십으로 인도-파키스탄 전쟁을 승리로 이끌었고, 핵무기 개발에 성공해 인도의 국제적 위상을 끌어올렸다. 아난드 바완에서 만난 한 노인은 "인디라가 말년에 독재정치로 원성을 샀지만 인도인들은 여전히 그녀를 좋아한다. 경제적으로나 사회적으로나 가장 역동적인 시절이었다"고 말했다.

네루왕조의 드라마를 완성하는 것은 비극적 죽음이다. 인디라 간디는 시크교도 분리주의자에 대한 강경 진압 작전을 지시한 뒤 1984년 시크교도 경호원들에 의해 암살당했다. 그의 아들 라지브 간디 역시

인도 정치를 얘기할 때 빼놓을 수 없는 네루 일가. 왼쪽부터 산자이 간디, 네루 전 총리, 인디라 간디, 라지브 간디.

스리랑카 내전에 간여했다가 1991년 타밀 반군에 의해 암살당했다. 연이은 비극은 네루가문에 대한 인도인들의 애착을 한층 두텁게 했다. 라지브 간디가 암살당한 뒤 한사코 정치참여를 마다했던 아내 소냐 간디는 국민회의당과 여론의 잇따른 러브콜에 1998년 정치를 시작한 뒤 지금까지 국민회의당을 이끌고 있다.

　최근에는 경제 성과가 정치 성패를 가늠하는 주요 변수가 되는 긍정적인 움직임도 있다. 2009년 선거에서 국민회의당을 중심으로 한 집권연정 UPA(통일진보연합)가 대승을 거둔 것도 '안정적인 경제성장과 긍정적인 사회 구조개혁'의 성과물에 대해 유권자들이 지지를 보낸 결과로 풀이된다. 만모한 싱 총리가 시크교도인 사실에서 보듯이 '카스트 종교 출신 좌편향 성향' 등을 특징으로 하는 구 정치구조가 퇴조하는 셈이다. 그렇다고 해도 '정치가문'의 존재는 인도 정치의 최대 특징임을 아직 부인하기는 어렵다.

지방정부 따라 경제개발 '하늘과 땅'

인도에서는 주(州) 경계선을 넘는 순간 외국이나 마찬가지로 느껴야 한다. 단순히 행정구역을 나누는 선이 아닌 것. 휴대폰은 로밍을 해야 쓸 수 있다. 자동차는 별도의 통행세를 내야 한다. 냉장고나 텔레비전을 사서 다른 주로 옮기면 바로 세금이 붙는다.

연방국가인 인도에서 국방 외교 통화정책 등은 중앙정부 몫이다. 하지만 경제개발과 직결되는 산업과 농업 정책은 주정부가 전권을 갖는다. 그래서인지 31개 주별로 주정부의 리더십에 따라 살림살이가 천차만별이다. 경제적인 발전 양상을 보면 뭄바이, 뱅갈로르, 하이데라바드, 첸나이 등이 있는 서남부가 앞선 반면, 갠지스강이 흐르는 동북부가 뒤처져 있다. 아무래도 서남부는 일찍부터 외국 문물을 접하기 쉬웠던 반면, 동북부는 그렇지 못한 채 농업 위주의 산업구조를 가졌기 때문으로 여겨진다.

인구 1,100만 명으로 인도에서 세 번째로 큰 동부의 중심 콜카타는 주정부 때문에 낙후된 사례다.

콜카타의 자랑거리인 140년 된 아시아 최초의 트램(전차), 웅장한

빅토리아여왕 기념관, 시성(詩聖) 타고르의 생가, 인류애를 실천한 테레사 수녀의 집 등이 빛나는 과거를 드러내지만 그게 전부다. 뭄바이와 같은 마천루도, 첸나이와 같은 공업지대도 없다.

콜카타에서 가장 혼잡한 뉴마켓 인근의 취재팀 숙소 앞에는 걸인들이 아침부터 진을 치고 있다. 거리에 있는 공동우물에서는 빈민들이 아무렇게나 목욕 중이다. 콜카타와 서북도시 하우라를 가로지르는 후글리강을 바라보니 다리가 딱 두 개 눈에 뜨인다. 하나는 2차대전 당시 영국 식민정부가 건설한 하우라브리지고, 다른 하나는 1990년대 지어져 통행료로 승합차에 25루피의 통행료를 부과하는 라사브리지다. 두 번째 다리를 놓기까지 50년이 걸린 셈이다.

인도를 식민통치한 영국이 첫 수도로 삼아 100년 넘게 번영을 누린

콜카타는 인도에서 가장 가난한 주의 하나인 웨스트벵골주의 주도다. 콜카타의 빈민들을 위해 평생 힘써온 테레사 수녀를 기리는 조각상.

콜카타가 다른 대도시들에 뒤처진 배경에는 공산당 장기집권이 있다. 콜카타는 인구가 9,000만 명에 이르는 웨스트벵갈주의 주도. 웨스트벵갈은 세계에서 공산당이 선거를 통해 가장 오랫동안 집권한 지역이다. 1977년부터 2011년 5월까지 무려 34년간 인도마르크스주의공산당(CPIM)이 의회를 장악했다.

농지개혁을 비롯한 일부 치적도 있지만, 기업들이 공산당 정부를 믿고 투자할 리 만무했다. 기업가들이 떠나버리면서 다른 도시들과 경제격차가 점점 벌어졌다. 공산당도 나중에는 친기업 정책을 들고 나왔지만 주민들은 이미 좌파정책에 길들여져 있었다. 인도의 타타자동차가 콜카타 인근에 초저가 자동차 '나노'의 공장을 지었으나, 토지수용에 불만을 품은 농민들의 반발에 두 손을 들고 말았다. 타타 측은

영국의 인도 지배시절 수도로 기능했던 콜카타의 빅토리아기념관.

콜카타에서 사람들이 가장 많이 붐비는 뉴마켓의 인파.

결국 생산도 못해보고 2008년 공장을 구자라트주로 옮겼다.

농민들은 지난 선거에서 반(反)제조업 공약을 내건 신생 정당(트리나물 콩그레스)에 몰표를 줬다. 이 정당의 당수는 마마타 바네르지라는 여인으로 철도장관 재직 시 인도 철도를 더 엉망으로 만들었다는 평가를 받았다. 표만 의식하는 정치 행보를 보이는 탓에 공산당이 물러갔어도 여전히 웨스트벵골의 미래는 밝지 않다는 평가를 받는다.

반면 인도에서 가장 못살고 사업환경도 최악이라는 평가를 받던 비하르주는 지방정부의 개혁 덕분에 탈바꿈한 사례로 꼽힌다. 니티시 쿠마르 비하르주 총리(59세)는 2010년 지방선거에서 압승을 거뒀다. 군소 야당에다가 하층카스트 출신인 쿠마르가 재선에 성공할 수 있었던 것은 경제성장 덕분이다.

　비하르주는 인도에서 가장 가난하고 문맹률이 높고 극좌 마오이스트들이 판치는 것으로 악명 높았지만, 지난 2004~2009년 동안 평균 11% 넘는 고성장을 기록했다. 쿠마르가 공무원부패를 척결하고, 사회기반시설을 확충하는 한편 교육예산을 늘리는 정치개혁에 성공한 덕분이다.

재판? 언제 끝날지 몰라요

알라하바드~간푸르를 잇는 도로(NH2)를 달릴 때의 경험이다. 카말리푸르(Kamalipur)란 마을에서 반듯했던 왕복 4차선인 도로가 갑자기 구불어진 왕복 2차선으로 줄어들더니 도로 상태도 비포장으로 바뀌었다. 가만히 보니 도로 한 가운데에 아름드리나무가 있고 그 옆에 인공구조물이 놓여 있었다.

궁금해서 주민들에게 물었더니 인공구조물은 이슬람교도 묘소라는 것. 도로를 새로 건설하려면 묘지를 옮겨야 하지만 재판이 진행 중이어서 그대로 놓여 있다고 설명했다. 사회주의 국가인 중국이라면 길이 쉽게 뚫리겠지만, 민주주의 국가인 인도인만큼 모든 절차가 마무리돼야 묘지 이전이 가능하다는 얘기였다. 그러면서 재판이 언제 끝날지 모르겠다고 덧붙였다. 그 얘기를 들으니 왜 '콜카타~델리'구간의 국도(하이웨이)를 만드는 데 10년 이상 걸리고 있는 지 조금 이해가 됐다.

세계 최대의 민주주의 국가라는 인도에서 제일 센 곳은 사법부라고 한다. 다툼이나 말썽이 생길 때 경찰 차원에서 해결이 되지 않기 때문이다. 인도의 사법체계는 대법원, 21개 고등법원, 기타 하급법원으로 구성돼 있다. 문제는 재판 진행이 느릿느릿 진행돼 5~10년씩 법원에 계류되는 경우가 많다는 점이다.

몇 년 전 '느림보 재판'을 비난하는 기사가 언론에 공개돼 인도 사회가 떠들썩한 적이 있다. 당시 분석해보니 21개 고등법원에 계류돼 있는 소송이 300만 건을 넘고, 하급법원에는 2,630만 건이나 됐다. 재판이 진행 중인 관계로 감옥에 갇혀 있는 사람이 50만 명을 넘고, 그들 중 2,069명은 유죄인지 무죄인지도 모른 채 5년 이상을 감옥에서 지내고 있었다. 고등법원 가운데 가장 문제가 심각한 곳은 알라하바드 고등법

쿰브 멜라 축제가 열리는 알라하바드의 갠지스강변 공터에 불법적으로 세워진 힌두교도들의 천막촌. 힌두교의 창조의 신 브라흐마가 처음 지상에 발을 내디딘 곳이 알라하바드라 한다.

원으로 계류 중인 소송이 109만 건이었으며, 이중 80% 이상이 민사소송이었다. 첸나이 고등법원은 40만 건, 뭄바이 고등법원은 36만 건에 달할 정도였다.

워낙 소송이 밀린 관계로 당시 '판사들이 24시간 잠을 자지 않고 판결을 하면 100년 걸린다'는 얘기가 나돌 정도였다. 사법부의 늑장 판결은 최근에도 개선되지 않아 현지에 진출한 한국 기업들도 지루한 판결 과정으로 인해 제풀에 쓰러질 정도다.

인도 오릿사에 1,200만 톤 규모의 제철소를 짓기로 하고 2005년 인도 정부와 MOU(양해각서)를 맺은 포스코가 부지소송(해결)과 광권소송(진행 중) 등으로 인해 아직도 사업진행이 지지부진한 게 대표적인 사례로 꼽힌다.

인도의 자동차와 전자산업

급부상하는 인도 자동차시장과 현대자동차

구르가온은 델리 남서쪽에 있는 신도시로 한국으로 치면 분당에 해당한다. 개발이 계속 진행 중인 관계로 울퉁불퉁한 비포장길도 많지만 그래도 높다란 빌딩과 쇼핑몰, 깔끔한 아파트 단지 등이 도시의 발전을 보여준다. 출퇴근 때 '델리~구르가온'을 잇는 도로가 정체를 보이는 데서 여유있는 중산층이 많이 살고 있음을 알 수 있다.

중산층의 소비행태를 보기 위해 찾은 곳은 쇼핑센터인 앰비언스몰. 널찍한 1층 전시장에 사람들이 북적이고 있다. 현대차가 2011년 10월 13일 인도에서 출시한 800cc급 경차 '이온(EON)'의 행사장이다. 방문객들이 연신 사진기를 들이대는 게 마치 연예인들의 사인 행사를 방불케 했다. 차량을 설명하던 도우미는 "경차이지만 디자인이 세련돼 소비자들의 관심이 매우 높다. 차량의 특징에 대해 이것저것 물어보는 사람들이 많다"고 얘기했다.

12억 명의 인구가 살며 2012년부터는 구매력 기준으로 일본을 추월해 세계 3대 경제대국이 되는 인도. 소득이 늘어나면서 자연스럽게 자동차에 눈을 뜨기 시작했다. 비록 소형차 중심이지만 대도시에는 릭샤가 줄어들면서 차량 숫자가 급격히 늘어나는 추세다. 최대도시인 델리의 경우 왕복 6차선의 도로도 출퇴근시간이면 자동차로 인해 꽉 막히는 경험을 여러 차례 해야 했다. 대도시를 잇는 하이웨이에서도 가족끼리 승용차를 타고 가는 모습이 눈에 많이 띄었다. 한창원 현대차 상무는 "길이 좁고, 릭샤를 타던 사람들이 자동차를 구입하다 보니 경차가 많이 팔린다"고 설명했다.

인도의 자동차 보유대수는 2009년 당시 인구 1,000명당 8대. 하지만 승용차가 2009년 147만 대(성장률 18.7%), 2010년 187만 대(성장률 31%) 팔린 것을 감안하면 2011년 말 기준으로 1000명당 11~12대 내외에 이를 것으로 추산된다. 이는 미국(961대) 일본(532대) 한국(355대)은 물론 중국(41대)보다도 훨씬 낮은 비율이다. 그만큼 성장 가능성이 높은 시장이다.

향후 시장전망도 긍정적이다. 2015년 승용차 수요는 연간 301만 7,000대로 전망되는데, 이는 매년 10%씩 성장하는 것을 기초로 나온 수치다. 2009년부터 내년 20% 이상 시장이 폭발적으로 늘었음을 감안할 때 매우 보수적으로 미래를 예측했음을 알 수 있다.

경제전망기관인 '글로벌 인사이트'가 2020년 시장 수요가 900만 대에 이를 것으로 내다보기도 했다.

인도차 시장의 특징은 전형적인 '선점기업 우위시장'이라는 것. 2011년 1~9월 중 시장점유율을 보면 마루티스즈키가 44.7%로 1위, 현대자동차가 18.6%로 2위, 타타가 12.1%로 3위다. 1983년 설립된 마루티스즈키는 당시 개발한 '마루티 800'이 국민차로 선정되면서 오랫동안 최강자 위치를 지키고 있다. 반면 글로벌 강자들인 GM, 포드, 폭스바겐, 도요타, 혼다, 피아트 등은 모두 시장점유율이 5%에 미치지 못한다. 1998년 진출한 현대자동차보다 현지 진출이 10년가량 늦어지면서 아직까지 큰 힘을 발휘하지 못하고 있다. 소득수준(2010년 1,218달러)이 아직 낮다 보니 경차가 많이 팔린다. 2011년 1~9월 통계를 보면 1,000cc급 이하 경차의 시장점유율이 68%에 이른다.

현대자동차가 2011년 10월 출시한 800cc급 경차 '이온(EON)'이 구르가온의 쇼핑센터인 앰비언스몰에 전시돼 있다.

인도 자동차시장만의 특성도 눈여겨봐야 할 대목이다.

인도의 중산층(월 2만 루피 이상, 48만 원)은 은행을 끼고 할부로 차를 사는 경우가 대부분이다. 80% 이상이 현찰을 들고 와서 구입하는 중국인들과 전혀 다르다. 따라서 자동차업체들은 연 13~13.5%의 금리로 할부금융을 해준다. 자동차 디자인에서 의자와 천장 간 간격이 넓다. 터번을 쓰는 사람들이 많은 걸 감안한 조치다.

하성종 현대차 부장은 부품조달과 마케팅도 현지 사정에 맞춰야한다고 설명했다.

"현대차의 부품 현지화 비율이 90%를 넘는다. 차량 가격이 800만 원 내외인 경차의 가격경쟁력을 높이기 위한 방안이다. 다만 부품

도로 공사가 한창 진행 중인 델리 북쪽의 도로. 넓은 도로가 거의 없어 물류시스템이 제대로 작동하지 않는다.

업체를 경영하는 인도인들의 시간 개념이 정확하지 않아 관리에 엄청 신경을 써야 한다. 딜러들의 경우 장기적인 관계에서 봐야 하므로 수익성을 충분히 보장해주는 게 중요하다. 인도인들은 '디왈리 축제 (2011년은 10월 26일)'에 자동차를 사면 행운이 온다고 믿고 있어 이에 맞춰 마케팅을 집중해야 한다. 인도에서 최대 인기종목이 그리켓인 점을 감안, 인도 시청자만 1억 9,000만 명에 달하는 크리켓 월드컵에 공식 파트너로 나서고 '팬 파크(Fan Park)'를 만들기도 했다."

현재 세계 5대 자동차 생산국은 중국, 일본, 미국, 독일, 한국이다. 인도는 2011년 약 300만 대를 생산해 브라질을 제치고 세계 6위를 차지할 것으로 전망된다. 현 시점에서도 생산능력은 총 16개 업체에 415만 대에 달한다. 경제전망기관들은 인도가 2~3년 내에는 한국을 제치고 생산능력에서 세계 5위권에 진입할 것으로 전망하고 있다. 인도가 '인구대국'에 이어 '자동차대국'으로 등장하는 시점이 초읽기에 들어간 셈이다.

인도 가전시장은 '시간의 용광로'

인도의 수도인 뉴델리에서 동쪽으로 인접한 노이다. 뉴델리의 외곽 도시이면서 우타르프라데시주에 속한 노이다는 우수한 인프라스트럭처와 수도 인접성 등의 이유로 많은 투자가 이뤄지는 곳이다. 인구가 몰리다 보니 기업들은 아예 더 외곽으로 뉴델리에서 50km가량 떨어진 '그레이터노이다(Greater Noida)'로 향하는 사례도 많다. LG, 삼성, 비디오컨 등 인도 전자 시장에서 3각 체제를 구축하고 있는 기업뿐만 아니라 혼다자동차, 덴소 등 유명기업들이 이곳에 자리를 잡았다. 변두리 풍광이지만 그래도 땅값이 3.3㎡당 1,500만~2,000만 원에 이른다. 뉴델리~노이다 간에는 6차선의 진짜 고속도로도 놓여 있다. '뉴델리~노이다 플라이웨이'라는 이 도로는 중앙분리대와 도로변 분리벽도 있어 달구지나 소떼 같은 불청객도 없다. 고속도로가 끝나는 지점에 새로운 도로가 건설되고 있어 물어봤더니 '노이다~그레이터노이다~아그라'를 잇는 165km의 '야무나(Yamuna) 고속도로'라고 알려줬다. 그레이터노이다에 있는 LG전자에 들어서면 20만 ㎡(6만 평)

인도 가전시장을 주르잡고 있는 LG전자의 그레이터노이다 소재 TV 생산공장.

규모의 공장이 반겨 준다. 냉장고, 세탁기, TV 등 인도 백색가전 시장을 석권하는 제품들이 생산되는 곳이다.

생산라인을 돌아보니 마치 타임머신을 타고 5년 혹은 10년 전으로 되돌아간 느낌이다. 한국에서는 오래 전에 단종된 세탁·탈수 분리형 이조식 세탁기, 외문형 냉장고, 브라운관 TV 등이 버젓이 생산되고 있었던 것. LG전자 안길석 부장은 "인도는 '시간의 용광로' 같은 곳이다. 첨단 스마트폰과 바타입 구형폰, 평면 3D TV와 브라운관 TV가 함께 팔리는 시장"이라고 말했다.

TV 시장만 해도 여전히 브라운관 TV가 평면 TV보다 더 많이 팔린다. 브라운관 TV는 인도에서 연간 1,000만 대가 팔리는데 그중 LG브랜드가 30%를 차지한다. 대당 10~20만 원에 불과하지만 물량이 워낙 크다 보니 LG전자도 브라운관 TV 시장을 놓지 못하고 있다.

복잡하기 그지없는 인도 시장에 특화된 제품도 눈길을 끈다. 대가족 문화와 힌두교 등을 반영한 '인디아 인사이트(India Insight)' 제품이다. LG전자 시장점유율이 32%에 달하는 냉장고와 관련 생산담당인 강범석 부장은 "냉장고의 육류 보관공간은 줄이고 야채를 넣어두는 신선실을 키웠다. 인도인들의 80%가 채식주의자를 자처한다는 점을 고려한 것이다. 여름철 섭씨 40도가 넘는 더운 날씨에 착안해 냉장고에 화장품과 약품을 넣어둘 수 있는 공간도 만들었다. 냉장고에 잠금장치도 있는데 애들이 자주 열면 에너지 낭비가 되기 때문"이라고 설명했다.

TV는 '재즈' 시리즈가 인기인데 가족·친지들과 함께 모여 TV를 보는 경우가 많다는 점에 착안해 음향을 최대한 키운 제품이다. 한국과 달리 베젤(TV 화면의 겉테두리)을 넓게 만들어 스피커가 최대한 돋보이게 했다.

세탁기 '스피치'는 인도 소비자들의 눈높이를 배려했다. 인도 세탁기 시장은 반자동에서 자동으로 넘어오는 단계여서 선진국처럼 버튼이 너무 많은 세탁기는 소비자들이 불편해한다. 하지만 '스피치'는 세탁 순서대로 음성안내를 해주기 때문에 글을 모르는 소비자라도 쉽게 사용할 수 있다.

현지화 마케팅이 성공을 거두면서 LG전자는 2011년 인도에서 약 35억 달러(약 4조 원) 매출을 올렸다. 글로벌 경제위기임에도 불구하고 1년 전보다 6% 성장한 수치다. LG전자 전체 해외사업으로 보면 중국, 미국, 브라질에 이어 인도 시장이 4위를 차지한다.

백색가전에서 LG전자가 1위라면 TV에서는 LCD TV 등을 내놓은 삼성이 1위다. 특히 삼성은 10년 넘게 노키아가 독점하다시피 한 인도 휴대폰 시장에서 20%대 점유율로 노키아를 바짝 추격했다.

인도 전자시장을 국내 두 업체가 쥐락펴락할 수 있었던 것은 선점 효과를 톡톡히 본 결과다. 인도는 어느 나라보다 진입 장벽이 높은 시장으로 통한다. 처음 진출하기는 어렵지만 일단 브랜드를 알리고 유통망을 확보하면 안정적으로 성장할 수 있다(LG의 유통채널은 직간접적으로 1만 6,000개에 달한다). 삼성과 LG는 1990년대 말 생산라인을 지어 진출했는데, 일본 경쟁업체들은 그보다 10년이 늦었다.

하지만 일본 업체들도 최근 들어 대대적 반격에 나섰다. 소니, 파나소닉 등 일본 업체들은 미국, 유럽, 중국 등 거대 시장을 한국 브랜드에 모두 뺏기자 "인도라도 사수하자"며 매달리고 있다. 인도 언론에서는 이를 두고 '일본의 부상(Sun Rising)'이라고 표현한다. 한국의 추석에 해당하는 '디왈리' 축제 기간에는 신문 광고지면을 일본 전자업체들이 도배할 정도다.

일본 업체들은 몇 년 전까지만 해도 한국 브랜드에 비해 프리미엄 정책을 고수하다가 이젠 자존심도 내던졌다. 취재팀이 찾은 쇼핑몰에선 일본 업체들마다 경쟁적으로 무이자 할부와 할인 행사를 하고 있었다.

김경율 코트라 뉴델리무역관장은 "인도 시장은 너무 복잡해 저가 공세를 한다고 해서 성공이 보장되는 것은 아니다. 늦게 들어올수록 오랜 기간 수업료를 내야 한다"고 설명했다. '선점하고 견뎌야 한다'는 게 인도 시장에서 정답이라는 얘기다.

황당한 물류시스템

뉴델리에서 4만 루피를 주고 냉장고를 구입해 신도시 구르가온(하르야나주)으로 실어오던 한 한국 교민은 황당한 일을 겪었다. 도로 검문소 직원이 주(州) 경계를 넘어왔으니 서류를 다시 준비하고 세금을 내야 통과시켜 주겠다는 것. 검문소 징수원은 그러면서 '뒷돈'을 주면 그냥 보내주겠다는 제스처를 보였다. 화가 난 교민은 4,000~5,000루피가량 되는 뒷돈을 마다하고, 2만 루피가량을 일단 세금으로 냈다. 그 후 세금 환급을 받는 절차에 들어갔지만 복잡한 법적·행정적 절차에 '그냥 뒷돈을 줄 걸'하는 후회도 했다고 한다.

교민사회에서 회자된 이 일화는 인도에서 물류체계가 얼마나 열악한지 여실히 드러낸다. 가장 큰 문제는 CST(Central Sales Tax, 중앙정부 판매세)다. 주간 경계를 넘어가면 농산품이건 공산품이건 무조건 세금을 내야 한다. 취재팀이 타고 다닌 차량도 예외가 아니었다. CST는 한 주에서 생산된 제품이 그 지역에서 소비되는 것을 목적으로 한 세금으로, 예컨대 펀자브주에서 생산된 밀을 델리로 들여오는 경우엔 델리에 CST를 내야 한다.

다만 기업 내 이동은 판매가 아니므로 CST를 내지 않는다. 그러다 보니 기업들은 평균 2%의 CST를 피하기 위해 주마다 물류센터를 운영한다. 창고, 임차료 등 불필요한 비용이 발생하고 물류 통합관리가 어려워질 수밖에 없다.

기업들의 민원이 끊이지 않자 인도 정부는 2012년 4월 CST를 개편해 GST(Global Sales Tax)로 통합한다는 계획이지만 GST도 주마다 이해관계가 달라 진짜로 해결될 수 있다고 믿는 사람은 그리 많지 않아 보인다.

물류를 담당하는 운전자들의 인식도 문제다. 물류업체가 자동차를 사면 운전자가 배터리와 타이어를 빼내가는 사례가 빈발해 일부 업체는 아예 주요 도로에 20km마다 물건이 제대로 가는지 확인하는 직원을 세워뒀을 정도다. 물건을 싣고 고향 결혼식에 버린 트럭 기사도 있다.

물류 인프라스트럭처도 열악하다. KPMG 조사에 따르면 인도 화물 트럭의 평균 운행 속도는 시속 30~40km로 중국과 비교해 절반 수준이다. 고속도로 상태가 나쁘다 보니 트럭들이 거북이 운행을 하는 것이다. 화물트럭들의 하루 이동거리는 평균 200km에 불과하다. 미국과 중국은 보통 400km를 넘는다. 2011년 현지에 진출한 CJ GLS의 고광태 법인장은 "한국에서는 하루 택배물량 150개를 처리한다면 여기서는 10개도 어렵다. 길은 막히는데 찾아가 보면 물건을 받을 사람도 없고, 사람은 있는데 카드결제가 안 돼 대금 지급이 이뤄지지 않는 경우도 많다"고 소개했다. LG전자의 안길석 부장도 "냉장고, 세탁기 등을 뉴델리에서 첸나이까지 나르는 데 2주가량 걸리기가 일쑤고 우기 때는 한 달이 지체된 경우도 있었다"고 말했다.

항공 물류도 마찬가지다. 통관을 거쳐 화물기에 물건을 실은 뒤 이륙까지 걸리는 시간은 평균 50시간으로 미국과 중국의 4배에 달한다. 수입화물 대기 시간은 무려 182시간으로 미국, 일본 등 선진국의 7배를 넘는다. 이러다 보니 육류를 비롯한 식품류는 공항에서 통관 도중 변질되는 경우가 다반사다.

항만 인프라스트럭처도 아직 갈 길이 멀다. 전체 항구의 화물처리

바퀴달린 것은 모든 게 물류 수단이 되는 인도. 조그만 차량에 하교하는 어린이들이 빽빽히 앉아 있다.

량은 840만 TEU로 중국의 6,000만 TEU와 비교해 7분의 1에 불과하다. 용량도 문제지만 화물처리에 너무 오랜 시간이 걸려 기업들을 지치게 만든다. 항구에서 화물처리에 걸리는 시간은 평균 84시간으로 홍콩이나 싱가포르의 12배에 달한다.

자동차 운전은 정말 힘들어

무질서한 교통의식과 혼잡 때문에서 인도에서 운전은 엄청난 경계심과
인내심을 필요로 한다. 자동차의 필수 요소 중 하나가 경적이다. '인도
에서 브레이크 없이는 갈 수 있어도 경적 없이는 못 간다'는 우스갯소
리가 있을 정도다. 트럭 뒤에는 '경적을 울리세요(Blow Horn)'라고 아
예 쓰여 있다.

사이드미러를 접고 다니는 경우도 많다. 비좁은 도로에서 비집고 운행
하다가 옆 차량이나 릭샤 등에 부딪혀 휘어지거나 부서지는 일이 자주
발생하기 때문이다. 과거에는 아예 사이드미러 자체가 없는 경우도 많
았으나, 최근에는 도로사정이 나아지면서 그래도 정상적으로 펴고 다
니는 운전자들이 늘고 있다.

자동차 뒤편에서 난간을 잡고 이동하는 인도인들.

인도 운전자들은 밤에 운전할 때 대부분 헤드라이트를 켜고 다닌다. 가뜩이나 길 상태도 좋지 않은데 눈까지 부셔 자칫 도로 장애물을 피하지 못할 수도 있다. 하지만 헤드라이트를 켜지 않으면 도로에 수시로 출몰하는 소나 염소 등을 피할 수 없다니, 운전자들의 고통이 클 수밖에 없다.

왕복 2차선의 도로에 철도 건널목이 있을 경우 엄청난 정체가 발생하기도 한다. 먼저 가려고 아예 반대차선까지 넘어서 자동차를 갖다대기 때문이다. 그래서 건널목 차단기가 올라가면 운전자끼리 서로 얼굴만 멀뚱멀뚱 보고 양보만 기다리는 일이 생긴다.

중앙선은 표식에 불과하고 어디서나 유턴이 가능하다는 것도 특징이다. 그래도 중간에 끼어들겠다고 하는 다른 운전자에게 크게 화를 내지도 않는 것을 보면 '인도인의 놀라운 양보심(?)'에 경탄하게 된다.

자원은 많지만, 전기는 부족하다

석탄, 우라늄, 금 등 인도 광물자원의 40%가 생산되며 2000년 비하르주에서 분리된 자르칸드. 이곳에는 땅 위에서 바로 석탄을 캐내는 인도 최대의 노천탄광 자리아(Jharia)탄전이 위치해 있다.

해발 300m 지점에 위치한 탄전을 찾아간 시간은 오전 9시경. 울퉁불퉁한 비포장길을 가는데 아낙네와 어린이들이 머리에 조그마한 광주리 하나를 이고 내려오고 있다. 담겨진 것을 보니 시커먼 색깔의 석탄이다. 노천탄광에서 여기저기 굴러다니는 석탄덩어리를 주워 연료로 사용하거나 팔기 위해 가지고 내려오는 길이다. 석탄이 워낙 흔해서인지 이들을 막는 경비원들도 없다.

탄전이 가까워질수록 여기저기 연기가 오르고 유독가스 냄새가 진동한다. 햇빛을 받은 석탄에 불이 붙어 일산화탄소 같은 가스를 내뿜는 것이다. 언덕을 올라가니 지평선으로 보이는 모든 게 석탄밭(Coal Field)이었다. 갱도가 필요 없는 만큼 여기저기서 중장비가 마구 퍼내는 광경이 보였다.

근처에서 도로포장에 쓸 석회암을 파내고 있던 에디 사르마라는 청년에게 탄전에 대해 물었다.

"10년 전부터 '리브라'라는 기업이 본격적으로 개발하고 생산했다. 여기서 캐낸 석탄이 잠셰드푸르, 아산솔, 두르가푸르 등 주변 공업지대로 공급된다. 유독가스가 심하지만 일반 서민들은 상상할 수 없는 월 450달러가량을 임금으로 주므로 사람들이 많이 산다. 인근 단바드가 인구 300만 명에 이르는데, 이를 떠받치는 게 석탄이다"

인도에서 석탄은 SOC(사회간접자본)의 핵심인 전기와 직결된다. 인도에서 석탄 연료를 쓰는 86개 화력발전소는 전체 전력공급량의 64%를 담당한다.

하지만 석탄 생산과 운송이 원활하지 않은 탓에 늘 전기부족에 시달린다. 석탄은 인도석탄공사(CIL)가 전체 생산의 80%를 담당하지만 수요 증가속도를 따라잡지 못하고 있다. 수요는 매년 7% 늘어나는데 공급은 연 2% 증가에 그치고 있는 것. 새로운 탄광 개발도 많지 않다.

석탄은 인도에서 전력발전의 주원료로 쓰인다. 사진은 자르칸드주에 위치한 인도 최대의 노천탄광 자리아탄전에서 석탄을 깨내는 모습.

그러다 보니 석탄산업 민영화가 필요하다는 주장도 나오고 있다.

도로가 열악하다 보니 운송 여건도 나쁘다. 특히 2011년 우기 때 비가 많이 내려 탄광에 접근하는 길이 파괴되자 각 발전소마다 재고량이 없어 비상이 걸리기도 했다. 석탄 재고량이 1주일도 되지 않는 발전소가 전체의 절반에 달할 정도였다. 2011년 10월 10일에는 35만 명의 탄광 노동자들이 '디왈리 축제' 보너스를 요구하며 파업을 벌여 생산에 큰 차질이 빚어지기도 했다.

이처럼 전기 생산이 원활하지 못하니 인도를 여행하는 도중 가는 곳마다 늘 정전에 시달렸다. 인도가 9%대 경제성장률을 기록하는 데

자리아탄전에서 석탄을 줍는 아낙네들.

최대 걸림돌이 전기라는 사실을 실감한 것. 실제로 농촌의 56%(도시
의 21%)가 전기를 사용하지 못하고 있다. 평시 전력부족률은 9.3%
이며 피크타임에는 13.9%까지 오르기도 한다. 델리 인근의 신도시
구르가온의 경우 전력 필요량의 60%밖에 공급되지 않는다는 분석도
나왔다.

 전력이 부족하고 한여름에도 10여 회 이상 정전이 되다 보니 기업
과 가정에 모두 큰 부담이 된다. 인도에서 제조업을 할 경우 자가 발전
시설을 갖춰야하며, 가정도 발전시설이나 인터버(전기 충전 후 정전
때 사용)를 갖춰야한다. 전기의 질도 낮아 공급되는 전기를 안정기에

연결해 사용한다.

전문가들은 2011~2015년 기간 중 전력 소비량은 매년 6.7%가량 늘어날 것으로 예상한다. 이를 감안해 인도 정부는 2006년부터 2011년까지 78GW에 이르는 발전 증설계획을 세웠으나 50GW만 달성했다. 실제로 2003년 마련된 162개 수력발전 프로젝트 중 절반에 못 미치는 77개만이 실행됐다. 2011년 말 총 발전량이 177GW로서 향후 5년간 100GW의 발전용량을 늘릴 예정이지만 계획대로 될지도 의문이다.

인도는 발전용량 확대가 쉽지 않은 점을 감안해 송전과 배전 때 허투루 새는 전력을 줄이는 방안도 모색 중이다. 송배전 손실률이 20% 이상(한국은 4%)인 전력망을 대대적으로 정비한다는 것. 인도 정부는 이를 위해 2011년 1월 전력망 시장에 민간기업이 참여할 수 있도록 개방화 규정을 마련하기도 했다. 51%의 시장점유율을 보유해온 인도전력망공사(PGCIL) 외에 국내외 민간기업을 참여시켜 기술개발과 시공능력을 향상시킨다는 것이다.

그러나 발전시설 확충을 위한 자금의 부족, 석탄 등 원료 공급의 불안정성, 낮은 전력망 등이 복합적으로 겹쳐 있어 인도의 전기사정은 당분간 크게 나아지지는 않을 것으로 전망된다.

만성 무역적자와 환율·물가

세계 각국이 유럽발 위기로 고전하는 와중에도 인도의 성장세는 꾸준하다. 델리와 구르가온 신도시에는 한 달이 멀다하고 쇼핑몰이 들어서고, 자동차는 하루에 5,000대 씩 팔려나간다. 2011년 경제성장률도 아시아에서 중국 다음으로 높다. 풍부한 노동력과 1억 5,000만 명의 중산층, 소프트웨어 분야 경쟁력 등이 인도경제를 단단하게 지탱한 결과다.

하지만 인도경제는 치명적인 고질병을 안고 있다. '무역수지 적자→통화가치 절하→물가 인상'으로 이어지는 악순환 고리다.

잘 알려지지 않았지만, 인도는 만성적인 무역적자국이다. 중국처럼 제조업 수출이 많지 않기 때문. 2011년 10월의 경우 무역적자 규모가 17년 만에 최대치를 기록했다. 상무부에 따르면 10월 수출은 10.8% 늘어 199억 달러, 수입은 21.7% 급등해 395억 달러를 기록했다. 무역적자는 196억 달러에 달했다. 유럽 경기침체로 화학제품 수출이 줄어든 반면 유가상승으로 수입액은 크게 증가한 결과다. 이런 추세라면 2011년 1,500억 달러 적자가 예상된다.

무역적자 증가는 통화절하로 이어진다. 연초 달러당 43루피였던 환율은 2011년 말 50루피까지 올랐다. 통화절하로 석유를 비롯한 수입품 물가가 오르다보니 인플레도 심각하다. 특히 2011년은 농산물 작황까지 나빠 연중 내내 인플레에 시달렸다.

식료품 가격은 평균 30% 가까이 올랐고, 양파·콩·감자 등 주식은 이보다 상승률이 훨씬 높다. 이에 따라 인도중앙은행은 2011년 9월 말 기준금리를 8.25%에서 8.5%로 올렸는데, 2010년 3월 이후 벌써 13번째 인상이다.

금리가 높다보니 경제활동이 위축될 수밖에 없다. 중소기업 대출금리는 15~16%, 서민금융은 보통 16% 이상이다. 우량 대기업도 11%에 달한다.

루피화 절하는 인도에 진출한 한국 기업에도 위기요인이다. LG전자는 2011년 인도에서 43억 달러 매출을 목표로 했지만, 대략 35억 달러에 그쳤다. 환율 영향이 컸다. 부품 수입단가가 올라 제품가격도 덩달아 올랐기 때문이다.

인크레더블 인디아

"인도는 수많은 모순이 질기지만 보이지 않는 실처럼 얽혀 있다."

초대 총리인 자와힐랄 네루의 표현이다. 이는 인도를 한 문장으로 얘기한 것 중 가장 널리 회자된다. '기능하는 무정부 상태'라는 얘기도 있듯이 취재팀이 누빈 인도는 복잡했다. 시속 100km를 달릴 수 있는 도로가 있는 반면, 지방에서는 같은 거리를 가는 데 4시간이 걸리기도 했다. 대도시나 지방도시 어디에서도 거지들의 모습이 쉽게 눈에 띄었다. 한 달에 13달러(1만 5,000원)도 벌지 못하는 도시 빈민층이 807만 가구에 이른다는 얘기를 실감하는 광경이다. 빈민가는 물론 현대식 빌딩 옆에 쓰레기가 쌓여 있고 쓰레기 더미에서 소들이 먹을 것을 찾는 모습이 전혀 낯설지 않다.

인도의 상징인 타지마할.

아시안하이웨이 취재팀은 중국을 '천의 얼굴'이라고 설명했지만, 언어와 종교가 마구 뒤섞이고 빈부의 격차도 심한 인도를 보고 최소한 '만의 얼굴'은 되지 않을까라는 느낌이 들었다. 이처럼 외부인에게 혼돈 그 자체로 비쳐지는 나라가 중국과 함께 '세계경제의 양대 성장엔진'이 되고 있다는 게 경이롭기까지 했다.

인도의 경제성적표는 놀랍기만 하다. 국제통화기금(IMF) 등에 따르면 2010년 실질경제성장률은 10.4%였으며 최근 19년간 평균 성

타이어도 없는 인도의 자전거

장률도 6.7%였다. 2010년 1인당 국민소득은 1,246달러로 6년 전인 2004년보다 127%나 늘었다. 경제전문기관인 EIU는 인도가 2011년 이후 5년간 최소 연 8% 이상의 성장세를 시현할 것으로 예측한다.

다음은 한국의 분당 같은 존재인 델리 서남쪽의 구르가온에서 본 광경.

구르가온에서도 가장 규모가 큰 '앰비언스' 쇼핑몰에 가보니 도요타, 현대, 르노 등 외제차 일색이다. 1층에는 캐빈클라인, 리바이스, 베네통 등 의류브랜드가 입점해있는데, 1층 매상 한쪽 끝에서 반대편까지 걸어서 5분 넘게 걸릴 정도로 넓다.

2층과 3층에는 삼성, LG, 소니 등 전자업체들의 매장이 자리 잡았다. 마침 '디왈리' 축제 시즌이라 매장마다 소비자들로 발디딜 틈이 없다. 우리나라 추석과 같은 명절에 맞춰 업체마다 할인 경품 행사를 진행 중이기 때문이다. 특히 소니, 도시바 등 일본 브랜드는 10% 이상 파격 할인을 내걸었다.

삼성전자 매장에서 만난 마제브 굽타 씨는 "아이들이 졸라 3D TV를 보러왔다"고 말했다. 은행원인 그는 교사 아내, 두 딸과 함께 40형 3D TV에 관심을 보였다. 가격은 8만 루피, 우리 돈으로 약 200만 원. 인도 소득수준을 감안하면 부담스러운 가격이다. 하지만 그는 "아내와 함께 할부로 갚아나가면 된다"며 "냉장고와 자동차도 모두 할부로 구입했다"고 말했다.

굽타 씨 가족처럼 구매력을 갖춘 중산층은 인도에 1억 5,000만 명이다. 인도경제의 잠재력을 나타내는 가장 확실한 지표다. 현지 〈이코노믹타임즈〉와 PwC의 조사에 따르면 연소득 20만 루피(약 500만 원) 이상 100만 루피 이하 중산층은 2010년 기준 1억 5,300만 명에 달한다. 이 숫자는 2020년 4억 명으로 증가할 전망이다.

최근 임금인상률도 이런 예측을 뒷받침한다. 컨설팅업체 에이온휴잇(Aon Hewitt) 조사에 따르면, 인도는 2010년 11.7%의 임금인상률을 기록한 데 이어 2011년도 아시아 태평양 국가 중 임금인상률이 가장 높은 12.9%를 기록한 것으로 추정된다.

인도의 미래를 밝게 보는 다른 이유는 연령층이 매우 젊다는 것. 12억 1,000만 명에 이르는 인구대국의 평균 나이는 25세에 불과하다. 독일의 44세, 미국의 37세는 물론 늘 비교대상이 되는 중국의 35세보다 10년 이상 젊다. '조로화에 따른 노년층 부양문제'를 걱정해야 하는 중국보다는 훨씬 미래 잠재력이 큰 셈이다.

교육열도 높다. 김경율 코트라 뉴델리 관장은 "월급이 1만 2,000 루피(약 30만 원)인 운전기사가 자녀 둘을 월 3,000루피가 들어가는 사립학교에 보낸다. 제일 많은 광고는 학원 광고다. 이는 식자율이 74%(여성은 65%)인 인도의 미래가 매우 밝다는 징조로 여겨진다"고 설명했다. 한 해에 50만 명의 IT인력을 배출하는 나라가 인도다.

미국과 유럽의 경제위기에도 불구하고 인도에 대한 투자행렬은 계

단바드라는 도시를 들렀을 때 본 풍광. 소들이 쓰레기더미를 뒤지고 먹이를 찾고 있는 가운데, 맨발로 걷고 있는 어린 형제의 모습이 애처롭다.

속 이어진다. 2011년 외국인 직접투자는 350억 달러로 전년대비 80% 늘었다.

하지만 인도에는 아직 어두운 면도 많다. 대표적인 사례가 지역별 분리주의. 지하자원이 많은 자르칸드주는 가장 가난한 비하르주와 한 집 살림이 싫다며 10년 전 따로 떨어져 나왔다. 관광지가 많은 우타란 찰 사람들은 우타르프라데시주에서 빠져 나왔다. 펀잡과 하르야나도 원래 한 주였다가 갈라졌다. 그만큼 지역별로 독자성을 고집하므로 인도 정부가 일원화된 정책을 펴기가 힘들다. 힌디어와 영어를 제외하고 공용어만 21가지에 이르며, 루피화 지폐 뒷면에는 15개의 다른 문자로 액면을 표시한다니 분리주의는 숙명인지도 모른다.

길거리 옆의 우물가에서 목욕하는 인도 남성들.

인도인들이 갠지스강의 야간 축제를 보고자 바라나시의 시내 중심가를 걷고 있다.

빈부 격차 문제도 크다. 수도 델리(1인당 3,087달러)의 1인당 소득은 가장 가난한 비하르주의 7배에 이른다.

생활분야에서 '인디언 타임(Indian Time)'도 개선돼야 할 부분이다. 비즈니스 관계나 개인간의 약속이 제 시간에 이뤄지지 않는 것. 인도인에게 '1분만요'는 때대로 3~4시간으로 늘어날 수도 있다. 그래서 인도가 내세운 관광 표어인 '인크레더블 인디아(Incredible India)'는 당초 '놀랍고 경이로운 인도'란 의미로 쓰였지만 비즈니스 부문에서는 '믿을 수 없는 인도'라고 해석된다는 우스갯소리도 있다.

인도는 이처럼 워낙 복잡해 오래 살면 살수록 더욱 이해하기 어려워지며, 한 줄의 글을 남기기도 힘들다고 한다. 모든 종교를 포용하는 힌두교처럼 삼라만상이 인도라는 도가니에 녹아 있다는 것. 그 도가니를 한눈에 분석하고 설명하는 것 자체가 불가능한 시도였다는 게 솔직한 느낌이었다.

중산층 통계기준 바꿨어요

중산층이 늘자 인도 통계청은 2011년 들어 사회계층(SEC) 분류방법도 뜯어 고쳤다. 2010년까지는 학력과 직업을 기준으로 나누다 2011년부터는 직업 대신 컬러TV, 세탁기 등 11대 내구재 보유여부를 넣어 12개 계층으로 분류한 것. 농촌에서도 중산층이 늘어나자 농촌을 뜻하는 R(Rural)계층 분류도 없앴다.

급속히 증가하는 중산층이 인도경제의 밝은 미래를 보장해주는 지표라

시장에서 물건을 고르는 인도 여성들.

면, 세계최대 빈곤인구는 그림자다. 세계은행(WB)이 빈곤층 기준으로 삼는 하루 생활비 1.25달러 이하 인구를 꼽아보면 인도가 4억 5,000만 명으로 세계에서 가장 많다. 뭄바이나 첸나이처럼 산업기반이 갖춰지고 소득수준이 급등한 도시를 다 합쳐봐야 인도 전체인구의 10% 남짓이다. 절대다수의 인도인들은 여전히 전기혜택을 받지 못하는 열악한 주거여건에서 빈곤에 시달리는 것이다.

 기가막혀

관료의 벽, 정말 높아요

10억 명 넘는 인구와 급증하는 중산층을 보유한 인도는 분명 '기회의 땅'이다. 하지만 기회만 바라보고 무작정 덤볐다간 큰 코 다치기 십상이다. 인도에 진출한 기업들은 이구동성으로 말한다. "중국이나 동남아 등 다른 신흥국보다 인도 비즈니스가 몇 배는 더 힘들다"고. 세금과 물류비용 등도 문제지만 특히 관료주의 벽은 상상초월이다. 민간기업보다 급여가 훨씬 적은 공무원 직업이 여전히 최고의 인기를 누리는 것도 순전히 관료주의 덕분이다. 제출한 서류에 사소한 오자라도 하나 발견되면 처음부터 모든 절차를 다시 밟으라고 요구하는 일이 다반사다. 이럴 경우 외국기업들은 울며 겨자먹기로 '급행료'를 낼 수밖에 없다.
관료주의 벽에 막히고 땅값 폭등에 치인 인도 기업들도 인도를 떠나고 있다. 2011년 3분기 인도 기업의 해외 인수합병은 37억 달러(약 4조 원)에 달해 전년 동기대비 6배로 폭증했다. 이 기간 인도 기업들이 인도 국내에서 투자한 액수는 12억 달러에 불과하다. 이를 두고 인도 현지언론에선 "열악한 투자환경이 인도 기업들조차 등을 돌리게 했다"고 보도했다. 다음은 한 교민이 전하는 사례.

"중앙 공무원에게 전화를 하면 바로 끊거나 출장 중이라고 말해요. 외국인을 만나는 것 자체가 귀찮고, 만나면 면담사실을 상부에 보고해야 하거든요. 어쩌다 연결되면 어떻게 전화번호를 알았느냐고 따집니다. 사실 전화번호가 어디에도 나와 있지 않거든요. 메일이나 문서를 보내면 아예 응답이 없어요. 이럴 때 누구를 통하느냐가 중요한데, 해당 공무원을 잘 아는 사람을 통하면 하루 이틀 새 만날 수 있습니다. 네트워킹이 영업 노하우인지라 관료와 통하는 중개인이 누구인지 서로 가르쳐주지도 않아요."

지참금을 보면 인도사회를 안다

스마트폰 게임의 절대강자로 꼽히는 '앵그리 버드(Angry Bird)'. 돼지에게 알을 빼앗긴 새들이 스스로 새총에 몸을 싣고 날아가 돼지 진영을 쳐부수는 게임이다. 돼지 무리가 풍비박산이 날 때 주는 통쾌함으로 어른 아이 할 것 없이 큰 인기를 끌고 있다.

인도에서는 최근 신랑을 향해 물건을 집어 던져 맞추는 '앵그리 브라이드(Angry Bride)'가 여성들에게 선풍적인 인기다. 여기에는 힌두교 여신 '두르가(Durga, 가깝게 하기 두려운 여신)'와 비슷하게 여러 개의 팔을 가진 여성이 등장한다. 그는 미간을 찌푸린 채 프라이팬, 밀대, 술병, 과일, 빗, 하이힐, 냄비 등을 쥐고 있다. 이러한 물건을 던져 게임의 신랑 후보감을 맞추면 점수가 올라간다. 여인 밑에는 "여성은 당신들이 필요로 하는 힘, 보살핌, 사랑 등을 모두 줄 수 있다. 단 지참금은 안 된다(A woman will give you Strength, Care & all the Love you need… Not Dowry)"라고 쓰여 있다. 인도 사회의 전통을 가장 잘 엿볼 수 있는 사례가 결혼과 지참금(Dowry)이다. 대다수 인도 부모들은 아직 매파를 통한 중매결혼을 선호하고 여기에서는 종교, 카스트(혈통), 궁합, 돈, 교육수준이 중요한 역할을 한다. 신문 주말판에는 몇 페이지에 걸쳐 신랑과 신부를 구한다는 광고가 실린다. 결혼 적령은 대략 남성이 21~25세, 여성이 18~21세이지만 최근에 일하는 여성이 늘면서 늦어지는 경향이 있다.

결혼 과정에서 신부가 시댁에 줘야 하는 지참금은 인도인이 주요 직업과 상대방의 수준을 어떻게 생각하는지를 극명하게 보여준다. '딸이 셋이면 왕도 망한다'는 속담도 있고, '지참금 살해', '신부 불태우기'란 관용어가 쓰이며, 지참금을 가져오지 못한 신부를 남편이나 시어머니가 살해한 후 "부엌에서 불이 나서 죽었다"고 둘러대는 경우도 많다. 혼기가 닥친 젊은 여성들이 지참금 부담을 이기지 못해 자살하거나 장기를 매매하는 일도 있다. 지참금 요구나 지참금으로 인한 폭력과 살해는 당연히 불법이지만, '나쁜 전통'은 여전히 뿌리가 깊다.

브라민 신분인 슈크라 씨(51세)는 "공무원·의사·엔지니어 등이 선호되고, 운전기사·식당종업원·농부 등은 선호도가 낮다"고 설명한다. 그러면서 카스트에서 상위계층인 브라민, 크샤트리아, 바이샤 등의 지참금을 소개했다. 대화 도중에 "나는 지금도 남자가 없이 자매만 있는 처가집에서 다우리(지참금)를 받는다. 그게 당연한 것 아닌가"라며 다우리를 받는 인도 남성의 보수적 시각을 드러내기도 했다.

타지마할을 배경으로 사진을 찍는 인도의 중년 여성. 그녀는 얼마나 많은 지참금을 갖고 결혼을 했을까.

두르가 여신상을 메고 강으로 향하는 인도인들. 빨간 분장을 한 가운데 마냥 황홀한 표정을 짓는 모습에서 힌두교가 얼마나 인도 사회에 뿌리깊게 박혀 있는 지를 짐작할 수 있다.

　인도인들이 가장 선호하는 공무원 직업에서 고시합격생 출신인 중앙 공무원은 7~10만 달러, 중간 계층 공무원과 군장교는 2만 5,000~5만 달러, 지방공무원과 경찰 군인 등은 1~2만 달러였다. 의사는 집 있고, 인기있는 가문의 경우 7~10만 달러, 그냥 일반적인 의사는 2만 5,000~5만 달러 수준. 약사는 1~1만 5,000달러로 높지 않았다. 변호사는 유명할 경우 7~8만 달러, 그렇지 않으면 1~1만 5,000달러였다.

　엔지니어의 경우 박사학위 소지자로 유명기업 근무 때는 10~12만

양산을 쓰며 나름 멋을 낸 인도 여성들이 먼지가 풀풀 날리는 길을 걸어가고 있다.

달러, 월급이 많은 회사는 5~7만 달러, 일반 기업이나 건설업체는 1만 5,000~3만 달러였다. 은행원은 매니저급이 5~7만 달러, 회계원이 1~2만 달러, 창구직원은 5,000~1만 달러 수준이다. 일반 기업의 사무직이나 공장 근로자는 5,000~1만 2,000달러 내외였다.

농부는 땅이 많을 경우 높았지만 그저 살기 괜찮은 정도는 2,500~5,000달러 수준이었고, 식당종업원은 1,000~3,000달러다. 운전기사의 경우 정부나 외국 대사관 소속은 5,000~8,000달러, 일반 기업은 2,500~3,500달러, 일반 자가용과 트럭은 1,500~2,000달러, 델리시내 오토릭샤는 2,000달러 내외의 지참금을 받을 수 있다.

슈크라 씨는 "과거에는 신분이 중요했지만 요즘은 직업, 수입, 생활

수준, 자동차 등이 더욱 중요해지고 있다. 하지만 신분의 차이도 무시하지 못한다. 하위계층인 수드라의 지참금은 같은 직업일지라도 상위계층에 비해 20%, 불가촉천민은 상위계층과 비교할 때 30%가량 할인하는 수준의 지참금이 요구된다"고 설명했다.

파키스탄 가는 길

정치와 종교 갈등으로 경제 교류도 부진

　머리에 터번을 두르고 수염을 깎지 않아 늘 이목을 집중시키는 시크교도의 땅 펀잡(Punjab). '다섯 물줄기'를 의미하는 펀잡은 넓은 들판에 물까지 풍부해 '인도의 빵 바구니'로 불린다. 인도 밀 생산량의 20%를 차지하며, 쌀, 보리, 사탕수수, 옥수수, 채소, 과일 등도 풍성하게 수확된다. 근면을 신념으로 삼는 시크교도들이 많은 덕분에 인도에서 가장 부유한 지역이기도 하다.

　그러나 펀잡의 풍요로움 뒤에는 '슬픈 역사'가 자리 잡고 있다. 종교 갈등에 의해 인도대륙이 인도(힌두교)와 파키스탄(이슬람교)으로 나뉘는 과정에서 시크교도의 땅도 둘로 쪼개졌기 때문이다. 국경선이 펀잡의 주요 도시인 라호르(파키스탄)와 암릿차르(인도)를 가로 지르며 그어진 것. 독립 이전에 라호르의 총인구 120만 명 중 힌두교는 50

파키스탄 가는 길에 본 '아시안하이웨이 1번 도로(AH1)' 표지판.

만 명, 시크교도는 10만 명에 이르렀지만 독립과정의 혼란이 진정된 후 남은 사람은 1,000여 명에 불과했다.

이처럼 잊혀질 수 없는 역사를 간직한 채 오늘도 국경선에서는 인도와 파키스탄 간 경쟁이 계속되고 있다. 경제교류도 이뤄지기는 하지만 그리 활발하지 못하고, 양국 간 갈등이 고조되면 중단되기 일쑤다. '아시안하이웨이 1번 도로(AH1)'가 쌩쌩 달리지 못하고 덜커덩거리는 현장인 셈이다.

시크교도의 성지 암릿차르에서 국경선이 있는 아타리(Attari)까지 거리는 35km. 펀잡에 들어설 때부터 보았던 넓은 들녘은 국경까지 계속 이어졌다. 길도 포장이 잘돼 30여 분만에 아타리까지 들어서니 '라

물건을 가득 실은 채 파키스탄으로 넘어가기 위해 세관 검사를 기다리는 인도 트럭들의 행렬.

호르 23km'라는 표지판이 보인다. 국경선 넘기를 기다리는 트럭이 수 백 대나 줄지어 늘어서 있다. 트럭 기사들이 먹고 쉬어가는 음식점과 조그마한 가게들도 줄지어 문을 열어 놓고 있다.

국경초소로 가면서 보니 양옆에 세관검사를 기다리는 물품들이 그 득 쌓여있다. 그 옆에서 트럭 기사와 조수들이 하염없이 기다리고 있 다. 날은 저물어 가는데 가만히 보니 호텔 등 숙박업소가 거의 눈에 띄 지 않는다. 물어보니 "운전좌석 뒤편에 있는 좁은 공간에서 잠을 청한 다"고 했다. 장거리를 뛰는 고달픈 삶의 단면을 보는 듯 했다.

트럭운전기사 자무 씨에게 물으니 "델리와 이곳을 일주일에 2차 례 오간다. 오전에 쌀, 콩, 양파 등을 싣고 와 내려놓고, 저녁 때는 파키스탄에서 온 양털을 싣고 가는 식이다. 하루 국경선을 넘는 차량이 1,000대에 달한다"고 소개했다. 근처에서 기념품을 파는 딘데르싱 씨는 "넘어가는 물품은 양파, 감자, 토마토 등 농산물이고, 파키스탄에서 오는 것은 양털뿐이다. 공산품 교역은 거의 없다"고 소개했다.

옷차림이 다소 깔끔한 일군의 젊은이들이 있기에 알아보니 인근 잘란드하르의 LPU대학에 다니는 학생들이라고 했다. 국제관계학을 전공한다는 만시 쿠마르(21세)는 "이곳은 파키스탄과 유일한 교역통로다. 현장학습 차원에서 왔다. 양국이 정치·종교 측면에서 갈등 관계에 있는데 서로의 주장만 하다보면 평행선을 달릴 수밖에 없다"고 말했다. 그의 표정에서 양국 발전을 위해서도 국경선이 이웃집 드나들듯이 개방되기를 바라는 젊은이들의 마음을 느낄 수 있었다.

자존심 경쟁의 '국경폐쇄식'

오후 4시가 되니 국경으로 가는 문 앞에 인도인들이 구름처럼 모여 있다. 유명한 국경폐쇄식을 구경하러 온 사람들이다. 군인들이 '레이디 퍼스트(여성 우선)'를 외치는데도 마구잡이로 먼저 들어가려는 군중에 떠밀려 조금 과장하면 압사당하지 않을까 하는 두려움을 느껴야 했다. 3군데의 검색대를 거쳐 들어가니 국경선을 앞에 두고 높은 관람석이 보였다. 애국심에 가득 찬 국민들을 위해 설치한 시설로, 다행히 외국인 전용좌석이 있었다.

　오후 5시쯤 들어서니 어린이와 여학생들이 인도 국기를 들고 관람석 입구에서 국경선까지 뛰어가는 모습이 보인다. 곧이어 음악에 맞춰 춤을 추고, 구호를 외친다. 응원단장 역할을 맡은 국경수비대 요원이 외치니 족히 1만 명이 넘어 보이는 군중들이 환호했다.

　구호는 크게 3가지. 옆자리의 인도인에게 물어보니 '힌두스탄 진다바드(Hindustan Jindabad, 인도여 영원하라)', '반데 마트람[Bande Matram, 어머니(인도)께 인사를]', '바랏 마타 키 자이(Bharat mata ki Jai, 어머니 인도의 승리를)'라고 얘기한다. 가만히 관중석을 보니 시크교도는 보이지만 이슬람교도로 보이는 옷차림은 전혀 눈에 띄지 않는다. 인도가 힌두교의 나라이며, 이슬람교도들과는 애국심의 정도에서 격차가 있음을 느끼게 하는 광경이다.

　국경선 너머 파키스탄에도 넓은 관람석이 설치돼 있다. 대략 1,500명 남짓한 파키스탄인들이 이슬람교도답게 남성, 여성으로 나눠 앉아 맞고함을 지른다. '제웨이, 제웨이 파키스탄(Jewey Jewey Pakistan, 영원 영원 파키스탄)'이라는 구호와 함께 북을 치면서 함성으로 인도와 자존심 경쟁을 벌인다.

　국경폐쇄식은 5시 30분경 시작됐다. 국경수비대 소속 얼짱 여군 2명이 넘어질 듯 아슬아슬한 높은 발차기 행진을 하며 시작된 퍼레이드는 드라마틱했다. 국경까지 이어지는 수비대원들의 강렬한 행진, 상대방 군인을 바라보는 눈싸움 등이 진행되다가 굳게 닫힌 철문이 열리자 양국 대표가 '찰나라고 할 만큼 아주 짧게, 그러면서도 싸우는 듯 격렬하게' 악수를 했다. 그리고 국기가 천천히 내려와 접히자 국경 폐쇄식이 끝났다.

'화합의 증명'인 국경폐쇄식 이벤트가 열리는 것은 그나마 양국 간 관계가 좋았을 때다. 카슈미르 등에서 전투라도 벌어지면 국경은 열리지 않는다.

▲인도-파키스탄의 자존심 경쟁의 장이 되는 국경폐쇄식 모습.

▶국경폐쇄식에 몰려든 인도인들. 1만 명은 되는 듯한 인파 속에 간디의 초상화가 눈길을 끈다.

국경에서 인상 깊은 광경은 인도 쪽에는 '국부(國父)' 마하트마 간디의 초상화가, 파키스탄 쪽에는 독립을 이끈 무하마드 알리 진나의 초상화가 걸려서 서로 바라보고 있는 것. 파키스탄 독립을 반대한 통합론자(간디)와 이슬람 독립을 관철한 분리주의자(진나)가 사후에도 반목의 현장에 있다는 게 안타까웠다.

인도-파키스탄의 끝나지 않은 분쟁

#1. 2011년 3월 말 인도 펀잡주에서 열린 크리켓 월드컵 준결승. 외나무다리에서 만난 '앙숙' 인도와 파키스탄은 8시간이 넘는 혈투를 벌였다. 경기 때문에 이날 관공서와 상점은 일찌감치 문을 닫았고, 유명 기업인과 연예인들은 경기관전을 위해 전용기를 타고 오기도 했다. 인도가 승리하자 인도 전역은 요란한 폭죽 소리와 함께 광란의 도가니로 빠져들었다.

#2. 2010년 4월 인도와 파키스탄을 대표하는 스포츠 스타들의 결혼식으로 두 나라가 뒤집어지다시피 했다. 현대판 로미오와 줄리엣의 주인공은 인도 여자테니스 스타 샤니아 미르자와 파키스탄 크리켓 국가대표 쇼아이브 말리크. 국경을 초월한 사랑을 선택한 죄로 이들은 하루아침에 역적으로 내몰렸다. 특히 인도인들의 분노는 말로 표현하기 힘들 정도였다.

인도와 파키스탄은 지구상에 존재하는 최고 앙숙 국가로 꼽힌다. 양국에 비하면 한국과 일본, 영국과 프랑스의 라이벌의식은 점잖은 축이다.

힌두교를 믿고 힌두어를 쓰는 인도와 이슬람교를 믿고 우르두어를 쓰는 파키스탄은 역사 이래 평화시절이 드물었다. 그러다가 영국의 식민지 정책으로 두 나라 관계는 돌이킬 수 없을 만큼 틀어졌다. 간디를 비롯한 힌두교 엘리트들이 국민회의를 결성해 독립을 추진하자 영국은 이슬람연맹을 물밑으로 지원했다. 인도의 분열을 노린 것이다.

인도에서 바라본 히말라야의 길. 히말라야
가 이어지는 카슈미르에서도 인도와 파키
스탄의 대치는 팽팽하게 이뤄지고 있다.

결국 1947년 인도가 영국으로부터 독립한 뒤 파키스탄은 인도로부터 분리해 영국의 자치령이 됐다가 1956년 공화국으로 독립했다. 하지만 파키스탄 독립 후에도 두 나라는 지난 60여 년간 국경분쟁과 방글라데시 독립, 핵무기 개발 등으로 사사건건 부딪혔다.

독립 당시 이슬람이 주류였지만 인도연방에 합류한 카슈미르 지방은 아직까지도 국경분쟁의 도화선으로 남아있다. 양국은 카슈미르를 두고 1948년, 1965년 두 차례 전면전을 벌였다. 1971년에는 방글라데시 독립을 두고 또 싸웠다. 동파키스탄(방글라데시)의 분리독립 운동으로 내전이 벌어지자 인도가 동파키스탄을 지원해 파키스탄과 전쟁을 벌인 것. 결국 파키스탄이 패해 방글라데시가 독립했고, 파키스탄의 인도에 대한 감정은 분노에서 증오로 바뀌었다.

두 나라는 일촉즉발의 핵대결로 세계를 긴장케한 적도 있다. 인도가 1998년 5월 파키스탄 국경 근처에서 다섯 차례 핵실험을 실시하자 파카스탄은 보름 뒤 여섯 차례에 걸친 지하 핵실험으로 대응했다. 지난 1970년대 인도가 먼저 핵개발에 성공하자 파키스탄은 100억 달러가 넘는 예산을 쏟아 부어 단기간에 핵무기를 만들었다.

2008년에는 뭄바이 폭탄테러로 양국 관계가 다시 풍전등화의 상태로 치달았다. 호텔에서 벌어진 폭탄테러로 당시 166여 명이 희생됐는데, 인도 정부는 테러의 배후로 이슬람 무장단체와 파키스탄 정보부를 지목했다.

최근 들어 양국은 잇따라 유화 제스처를 취하며 해빙무드를 조성하고 있다. 파키스탄 정부는 2011년 11월 2일 인도에 최혜국대우(MFN)

지위를 부여하고 무역관계를 정상화하겠다고 밝혔다. 이를 두고 외신들은 "오랜 기간 남아시아에 긴장을 조성한 두 핵보유국 간 관계가 호전되는 신호"라고 보도했다.

11월 10일에는 몰디브에서 열린 남아시아지역협력연합(SAARC) 8개국 정상회담에 앞서 만모한 싱 인도 총리와 유수프 라자 길라니 파키스탄 총리가 정상회담을 갖고 관계개선 방안을 논의했다. 싱 총리는 회담 후 "우리는 과거에 서로 험악하게 논의하느라 많은 시간을 허비했다. 이제 양국 관계에 새로운 장을 열어갈 때가 됐다"고 밝혔으며, 길라니 총리도 "오늘 훌륭한 회담을 열었다. 다음 회담은 더욱 건설적이고 긍정적인 것이 될 것"이라고 화답했다.

1시간여 동안 진행된 회담에서는 카슈미르 지역 문제뿐만 아니라 양국 접경지역의 테러와 무역, 비자 자유화 문제 등이 논의됐다. 이러한 양국 간의 화합 노력이 언제까지 지속될 지는 쉽게 전망하기 어렵지만, 그래도 20세기의 대결 구도와는 사뭇 다른 모습이어서 주목된다.

파키스탄 가는 길

델리에서 펀잡주 암릿차르로 이어지는 도로는 인도의 '국가고속도로 1번(NH1)'에 해당한다. '아시안하이웨이 1번 도로'에 해당하는 450km에 달하는 길이 첫 번째 도로로 명명됐으니 그 중요도를 짐작할 수 있다.

델리 시내에서 북쪽 파니팻까지 이어지는 길은 6차선으로 시속

시크교도가 많이 사는 펀잡주로 들어갈 때 현지 경찰의 검문을 받았다.

90km도 거뜬했다. 그렇지만 그 다음부터는 고난의 연속이었다. '암발라~루디아나~잘란드하르~암릿차르'까지 곳곳에서 공사가 진행 중이기 때문이다. 포크레인과 트럭 등이 도로를 만들고 고가도로를 지으며 흙먼지를 날리는 바람에 목이 칼칼해지는 것을 피할 수 없다. 때때로 6차선 혹은 4차선 길을 만나면 행복감을 느끼지만, 5분 이상 지속되는 법은 없다. 우회로는 길도 좁고 울퉁불퉁했기에 조심스레 다닐 수밖에 없었고, 결국 450km를 달리는 데 11시간이 걸려야 했다.

　NH1은 고생길이었지만 그래도 인도의 발전을 확인할 수 있는 경험이었다. 델리, 하르마나, 펀잡 등 인도에서 가장 잘사는 지역이어서인지 도로변에 벤츠, 폭스바겐, 아우디, 현대, 도요타 등 글로벌 자동차 기업의 전시장이 즐비했다. 휴게소도 인도에서 보기 드물게 현대식으

파키스탄 국경으로 가는 길에 마주친 인도의 버스. 기우뚱한 상태에서 잘도 달린다.

로 지어져 있고, 차량 100여 대는 주차할 수 있을 만큼 널찍한 맥도날드와 KFC도 보였다. 특히 인상적인 것은 도로변에 세워진 '리조트' 건물들이다. 암릿차르까지 가는 길에 20여 개를 봤는데 호텔과 레스토랑을 겸하고 있으며 주로 결혼식 같은 행사가 많이 열리는 듯 했다. 취재팀이 지나갈 때가 마침 '손 없는 날'이어서인지 리조트마다 불빛이 환하게 밝혀져 있고 결혼식 하객들로 붐비는 모습이었다.

혼돈 속에 경험한 NH1은 현재 대대적으로 새롭게 만들어지고 있으며, 2012년 말이면 대부분 완공될 예정이다. 시속 100km를 넘게 달릴 수 있는 '진정한 고속도로(Expressway)'로 탈바꿈된다는 것. 인도 경제가 현 추세대로 발전하고, '인도-파키스탄' 관계가 개선돼 경제교류가 활발해진다면 앞으로 NH1은 '부(富)가 흐르는 길'이 될게 분명해 보였다.

04

pakistan

파키스탄

파키스탄

- 국명: 파키스탄 회교공화국(Islamic Republic of Pakistan)
- 국화: 수선화
- 면적: 79만 6,095㎢
- 인구: 1억 8,000만 명(2011년, 추정치)
- 기후: 아열대 기후로 고온 건조, 북부 산악지역은 고산성 기후를 보임
- 연평균 기온: 최대도시 카라치는 연평균 26도 수준. 북부 산악지대는 만년설이 있으며 국토에 따라 기온편차가 큼
- 연평균 강수량: 90% 이상의 지역이 연간 510㎜ 이하로 강우량의 75%가량이 7월에 집중
- 지형: 인더스강이 흐르는 중앙의 편잡지역은 가장 비옥한 평야지대이나 남부 아라비아해 연안은 지대가 낮아 홍수 피해가 많음, 북쪽과 서쪽은 산악지대로 이뤄져 있는데 카슈미르 지역에는 세계에서 두 번째로 높은 'K2' 등 높은 봉우리가 많다. 서부 중앙의 발루치스탄 지역은 높은 사막 고원지대로 이루어짐
- 민족: 편잡인(44.15%), 파슈툰족(15.42%), 신드족(14.1%), 세라이키족(7.57%), 발루치족(3.57%) 외에 그리스족, 터키족, 페르시아족, 아랍족, 모갈족 등, 지방별 언어와 풍습이 상이해 400여 개에 달하는 부족 간 갈등이 적지 않음
- 언어: 우르두어(공용어), 영어(공공문서), 편잡어, 신드어, 발루치어, 세라이키어, 파쉬토어, 문맹률은 47%
- 종교: 이슬람(95%, 수니 75%이며 시아 20%), 기독교 2.5%%, 힌두교 1.6%, 기타 0.9%
- 수도: 이슬라마바드, 그외 카라치, 라호르, 페이살라바드, 퀘타, 페샤와르, 물탄 등이 주요 도시임
- 화폐단위: 루피(PKR, Pakistan Rupee 달러당 90.7루피)
- 국내총생산: 1,664억 달러(2011년), 1인당 GDP 약 1,000달러
- 시차: 한국보다 4시간 늦음
- 주요 자원: 농업이 발달해 있으며 쌀, 밀, 면화, 사탕수수, 보리, 옥수수 등이 주요 산물. 천연가스는 많이 나오는 편이나 석유는 서남부 지역에서 소량 생산될 뿐이어서 많은 차량이 가스로 운행하는 상황. 석탄, 암염, 석회암 등은 북부지역에 매장량이 풍부하나 개발 정도는 낮은 편이며 전력부족이 심각

인더스문명 속의 코리아

인더스문명의 고향, 파키스탄

파키스탄은 '청정한 나라'라는 뜻이다. 인도와 늘 역사를 같이하다가 1947년 이슬람교도의 나라로 새롭게 탄생했다. 파키스탄이란 이름으로 확립된 정체성을 지닌 지는 얼마되지 않지만, 유적으로 발견된 사람의 흔적은 무려 8000년 전으로 거슬러 올라간다.

파키스탄의 가장 오래된 유적지는 남서부 발로치스탄주 '메르가르(Mehrgarh) 유적지'로 BC(기원전) 6000년경부터 시작되었는데, 진흙으로 만들어진 여러 개의 방들이 발견되고 물소를 비롯한 가축을 기른 흔적도 나타났다. 보리와 밀 등을 수확한 도끼도 보인다. 특히 아프카니스탄 북부에서만 보이는 청금석 구슬, 아라비아 연안과 교역을 의미하는 조개, 팔찌 등도 발굴됐다. 이러한 신석기 유적지는 남부 신드주에 있는 칸푸르와 하이데라바드에서도 발견된다.

파키스탄을 유명하게 만든 것은 인류 4대문명의 하나인 인더스문명이었다. BC 3600~3300년경에 번성한 것으로 보이는 남부 신드주의 모헨조다로(Mohenjodaro, 죽음의 언덕을 의미함)와 중부 펀잡주의 하라파(Harappa)로 대표되는 인더스문명은 20세기 가장 중요한 고고학적 발굴이었다. 인더스강 유역에는 수백 개의 농사짓는 마을이 있었고, 도기를 제작하는 원형틀도 사용됐다. 소가 끄는 달구지를 사용했음을 알려주는 장난감도 발견됐다.

모헨조다로와 하라파 유적은 BC 1700년경부터 쇠락의 길로 접어든다. 쇠락의 원인으로는 외부 아리안족의 침입·홍수에 의한 범람, 기후변화에 따른 사막화, 사회내부의 반란 등이 거론되나 뚜렷하게 규명된 것은 없다.

파키스탄의 역사는 인도와 마찬가지로 중앙아시아 초원지대에 살던 유목민족인 아리안족의 출현으로 큰 변화를 겪는다. 아리안족은 동일한 언어를 사용하는 여러 부족으로 구성됐으며 떠벌리는 것과 술, 놀이, 춤 등을 좋아하던 호전적인 민족이었다. 말이 끄는 전투용 전차와 활, 칼, 창, 도끼 등의 발달된 무기류를 보유한 모계사회었으며, 인더스 문명이 여신을 숭배한 것과는 달리 태양, 불, 태풍, 새벽 등을 믿는 토속신앙을 가지고 있다. 이들은 BC 1800~1000년경에 부족별로 천천히 파키스탄 지역에 들어왔으며, 비옥한 펀잡지역에서 번성했다. 아리안족은 인종차별주의적 정책을 펼치며 스스로를 승려계급(Brahmins), 전사계급(Kshatrias), 평민계급(Vaishyas)으로 나눴다. 원

파키스탄의 수도인 이슬라마바드의 중심가 거리. 국민소득 1,000달러 수준의 나라답지 않게 깨끗하고 잘 정돈돼 있다.

주민은 그보다 낮은 천민계급(Shudras)으로 규정짓는데 이는 후에 카스트(Caste)제도의 근간이 된다.

아리안족은 계속되는 전투로 인해 남성 지위가 강화되면서 남성 지배사회로 바뀌고, 정복한 땅을 각각의 부족에게 할당하면서 지역 영주나 왕이 지배하는 사회가 된다. 그들은 신에게 승리를 빌거나 비를 기원하는 노래 등을 많이 불렀는데, BC 1000년경 1,000곡 이상의 노래를 수집해 기록한 것이 최초의 힌두경전 《리그 베다(Rig Veda)》다.

BC 500년경 문명이 발달하면서 삶과 죽음, 창조에 대한 깊은 성찰 등으로 인해 종교적 욕구가 나오게 되고, 베다와는 달리 정신적으로 더 깊이 초기역사를 기록한 《푸라나스(Puranas)》가 나오게 된다. 《푸라나스》에 따르면 거대한 홍수로부터 인류를 구원하기 위해 배를 건조한 마누(Manu)가 기록되는데 이는 쿠란(Koran)의 《하즈라트 누 (Hazrat Nu)》와 《성경》에 나오는 '노아의 방주' 이야기와 비슷하다. 힌두교에서 전해 내려오는 최초의 법규가 '마누의 법'이다.

기원전 7세기경에는 인도 북부와 데칸고원에 16개의 왕국이 있었고, 그중에서 간다라(Gandhara)가 가장 강력했으며 차사다와 탁실라 등이 주요 도시였다.

당시 세습되는 카스트제도에 불만을 느낀 이들이 우파니샤드 (Upanishads)라는 가르침을 알리는 데 '영혼이 죽으면 새로 태어나고, 현재 낮은 카스트라도 착하게 살면 다음 생에서는 더 높은 카스트로 태어난다'는 게 핵심 생각이었다. 이는 BC 500년까지 인과응보를 뜻하는 카르마(Karma, 업)와 환생이 북부 인도에 보편적으로 퍼지는 계기로 작용한다.

그러다가 힌두교에 대한 불만으로 널리 퍼진 게 불교다. 해탈에 이른 석가모니는 산스크리트어가 아닌 인도의 고대 방언인 프라크리트 (Prakrit)로 가르침을 전했기 때문에 일반 대중에게 쉽게 파고들 수 있었다.

파키스탄을 포함한 인도에 커다란 영향을 끼친 원인은 알렉산더 대왕의 침공이다. BC 327년 파키스탄지역 침공 준비를 마친 알렉산더는 사절단을 보내 지역 지배자들을 부른다. 당시 탁실라의 왕이던 암비(Ambhi)의 환대 속에 알렉산더는 '카이버 고개'와 '페샤와르 계곡'을 진군한다. 알렉산더는 펀잡 중심지인 젤럼강에서 귀환을 위한 함

탁실라 박물관에 전시된 각종 석상의 모습에서 동서양의 문화가 융합됐음을 알 수 있다.

알렉산더 대왕이 인도를 침공한 후 세운 도시인 시르캅의 도시 터. 도로와 집의 모양새가 완벽한 가운데 해시계와 사원 등의 유적도 볼 수 있었다.

선을 준비하는 도중, 상갈라(Sangala, 현 라호르 인근)까지 가서 커다란 환대 속에 사냥개를 선물 받는다.

알렉산더는 당초 갠지스평원까지 진출하기를 원했으나 8년간의 전투와 향수, 몬순 기후 등에 고통을 받은 부하들의 반대로 인해 귀환을 하게 된다. 젤럼강을 따라 내려가던 알렉산더는 높은 성벽에 둘러싸인 물탄의 전투에서 심각한 부상을 당하며, 그로 인해 물탄에 살던 여자와 아이를 포함한 모든 사람들이 학살을 당하게 된다. 알렉산더는 귀환길에 4만여 명의 병력 중 절반가량을 잃고 바빌론에 도착했다가 BC 323년 갑자기 사망한다. 그러나 알렉산더의 동방 원정으로 인해 그리스 문화가 파키스탄의 도시와 요새에서 계속 살아 남았으며, 지금도 북부 지역의 많은 사람들은 현지에 정착한 그리스 군인의 후손이라고 주장한다.

알렉산더 사후 인도에서는 갠지스강 유역에 위치한 마가다왕국의 왕족 중 미천하게 태어난 '찬드라굽타 마우리야'가 BC 321년 마가다왕국을 무너뜨리고 마우리아 왕조를 이룬다. 마우리아 왕조는 알렉산더의 장군 중 한 명이었던 셀레우코스(Seleukos)를 참패시킨 후 평화협정을 맺고, 현재 파키스탄, 아프카니스탄 등에 대한 지배권을 갖게된다. 마우리아 왕조의 3대 왕 아쇼카(Ashoka)는 선정을 베풀면서 불교의 가르침을 전파하고 왕의 칙령인 다르마(Dharma)를 돌과 기둥에 새겼다. 파키스탄에서는 만세라와 샤바즈가리에서 발견됐다. 다르마는 현재 인도의 국기에 새겨져 있다.

그 후 파키스탄을 포함한 인도대륙에서는 쿠샨왕조가 등장하게 되며, 기원 후 128년부터 151년까지 상업이 번성하면서 로마인들과 보석, 향수, 염료, 향신료, 직물 등을 거래했다. 다시 수천 개의 불교 사원과 사리탑들이 세워졌고, 과거 간다라왕국의 지역이었던 이곳에 간다라예술 최상의 조각품들이 만들어진다.

한국의 고속도로, 파키스탄 심장부를 관통한다

파키스탄은 이란과 함께 국가명칭에 '이슬람'이란 단어가 들어가

대우건설이 1997년 11월 개통시킨 'M-2 고속도로'. 왕복 6차선 길이 완벽하게 닦여 있어 한국의 기술력을 보여준다.

있다. 이러한 파키스탄은 대외적으로 '테러'로 더 알려져 있다. 2001년 9·11 테러의 주모자로 알려진 오사마 빈 라덴이 미군에 의해 사살 된 곳이 파키스탄의 아보타바드(Abbottabad)다. 파키스탄의 수도 인 이슬라마바드에서 북쪽으로 약 50km밖에 떨어져 있지 않다. 미 국 통신사인 AP는 2011년 10대 뉴스를 선정하면서 미군 특수부대 가 2011년 5월 1일 오사마 빈 라덴을 은신처에서 사살한 것을 1위로 꼽았다. 오사마가 사살된 곳이 파키스탄이었으니, 서방세계에 파키 스탄이 얼마나 '테러 국가' 이미지로 비춰졌을까를 쉽게 짐작해볼 수 있다.

실제로 파키스탄과 아프카니스탄 접경지역에서 탈레반과의 충돌 이 빈번하게 발생한다. 아시안하이웨이 취재팀도 '테러'에 대한 걱정 을 안고 현지로 향했다. 실제로 현지에서 테러에 대한 대비가 많이 이

대우건설이 지은 'M-2 고속도로'변의 휴게소. 대우 마크와 태극기에서 한국의 자긍심을 느낄 수 있었다.

뤄지고 있음을 볼 수 있었다. 이슬라마바드를 자동차로 이동하는데 쭉 뻗은 도로에서 갑자기 차량이 속도를 크게 낮추는 경우가 많았던 것. 알고 보니 군인과 경찰들이 바리케이드를 치고 차량이 S자로 운행하게 하면서 운전자와 탑승객을 검문하는 것이었다. 처음 방문한 취재팀에게는 상당히 불안감을 느끼게 하는 광경이었다. 호텔에 들어설 때도 검문하는 사람만 10여 명에 이를 만큼 경비가 삼엄했다.

중동지역 사정에 정통한 파키스탄 주재의 한 교민은 이와 관련 "현재 세계적인 테러 국가로 이라크와 파키스탄 등이 지목된다. 이라크의 테러는 무차별적 살상의 성격이 강하지만, 파키스탄은 정치적 갈등과 부족 간 분쟁 등으로 인한 '목표형 테러'가 많다. 그래서인지 한국 교민들 가운데 피해사례가 거의 없다. 이라크는 여행금지국가이지만, 파키스탄은 금지국이 아닌 여행제한국인 것만 봐도 알 수 있다"고 현지 사정에 대해 설명했다.

실제로 '인도·파키스탄 국경~라호르~이슬라마바드~페샤와르'를 잇는 551km를 달리면서 파키스탄은 일부 지역을 제외하면 크게 불안한 나라는 아니라는 사실을 알 수 있었다. 파키스탄인들은 매우 친절한 국민이었다. 덤으로 현지에서 대한민국의 높아진 위상을 몸소 체험할 수 있었다.

수도 이슬라마바드는 파키스탄이 북부 개발을 위해 인공적으로 만든 계획도시다. 서울의 1.5배 넓이에 160여만 명이 사는 만큼 숲도 많고 쾌적하다. 국민소득 1,000달러 수준의 국가라고는 보기 힘들 만큼 발전해 있다.

이슬라마바드에서 인도 국경과 인접한 라호르로 갈 때 'M-2 도로'를 탔다. M이란 고속도로를 뜻하는 모터웨이(Motorway)의 준말이며 M-1은 '이슬라마바드~페샤와르' 구간을 의미한다.

M-2는 왕복 6차선의 357km 도로로 대우건설이 1997년 11월 26일 개통시킨 고속도로. 준공 당시 단일업체가 설계·시공한 고속도로로는 세계 최대 규모였으며 공사비만 11억 6,000만 달러에 달했다. 3,500만 m³의 흙공사, 1,700만 t(덤프트럭 연 68만 대)의 골재, 230만 t이 넘는 아스콘 포장, 44만 m³의 콘크리트 타설, 88km의 파이프 매설 등 물량

면에서 한국의 해외건설을 대표하는 사례가 됐다.

도로를 달려보니 완공된 지 14년이 지났는데도 파손된 곳이 거의 없어 마음껏 속도를 낼 수 있다. 중간에 휴게소가 4곳 있는데 운영주체가 파키스탄-대우서비스다. 한국보다 더 깔끔하게 정비된 휴게소마다 파키스탄 국기와 태극기가 나란히 게양돼 있어 한국인으로서 자부심을 느끼게 했다.

고속도로는 광대한 편잡평원을 가로질렀다. 편잡이란 '5개의 강'을 뜻하는 말로 인더스, 젤럼, 체납, 라비, 수틀레지 등 5개 강이 여기에 해당한다. 수틀레지를 제외하면 나머지 4개 강은 모두 파키스탄을 흘러 편잡평원을 적신다. 편잡평원을 포함하는 편잡주는 8,600여만 명이 넘는 인구를 지니고 있는 파키스탄 내 가장 산업화된 지역으로 국

M-2 고속도로의 종점인 라비강 인근에 위치한 톨게이트. 이곳을 통과하면 파키스탄 제2의 도시인 라호르로 들어가게 된다.

력의 70%가 집중됐다는 얘기를 듣는다. 고속도로 주변을 보니 벼를 수확하는 모습이 보이고, 사탕수수밭이 나타나는 가운데 길게 뻗은 수로가 인상적이다. 수로는 건조한 펀잡평원을 곡창으로 만드는 젖줄 역할을 한다.

라호르(인구 1,150만 명의 펀잡주 주도) 옆을 흐르는 라비강변에 자리잡은 라비톨게이트에서 290루피의 통행료를 내고 달린 시간을 측정하니 357km 달리는 데 3시간 30분이 소요됐다. 평균시속 102km를 기록한 셈이다.

최충주 주파키스탄 대사는 "M-2는 파키스탄이 이후 건설한 모든 도로의 모델이 됐다. 아직도 한국이라고 말하면 대우를 떠올릴 만큼 국가 위상을 제고시키는 데 큰 역할을 했다"고 평가했다. 나중에 이슬라마바드에서 페샤와르까지 건설된 M-1도 M-2를 모델로 했다.

도로를 달리면서 아쉬운 사실은 차량 통행이 많지 않았다는 것. 파키스탄은 '카자흐스탄~아프카니스탄~파키스탄~인도'를 잇는 서남아 경제블록의 중심도로(모터웨이 프로젝트)로 육성코자 M-2를 만들었다. 한국이 경부고속도로를 닦은 뒤 수출입국으로 비약적인 발전을 이룬 것을 본받아, 파키스탄도 펀잡주를 농공산업 발전의 모태로 삼아 경제도약을 이루려고 했다. 하지만 아프카니스탄이 분쟁지역이 되면서 해당 목표가 달성되지 못했다. 현 시점에서 보면 아쉬웠던 꿈의 현장인 셈이다.

여객운송의 모델 '대우 익스프레스'

M-2도로를 달리면서 본 인상적인 모습은 '대우 익스프레스' 버스였다. 울긋불긋한 물감으로 온통 더덕더덕 칠한 파키스탄업체들의 버스들과 달리, 깔끔한 외관이 국내 고속버스 이상으로 눈에 띄였기 때문이다. 알고 보니 1998년 대우가 라호르를 거점으로 시작한 운송사업(삼미특수강이 2004년 인수)의 산물이었다. 파키스탄의 10대 브랜드 가운데 운수업체 중 유일하게 선정된 게 대우익스프레스다. 1998년 김우중 대우 회장은 '대우가 만든 고속도로에 대우버스가 다니게 하라'고 지시하면서 운송사업이 시작됐다.

2004년부터 회사를 이끌고 있는 김창일 대표의 경영모토는 '안전, 편안, 여유 그리고 시간엄수'다. 어떤 업체도 흉내낼 수 없는 한국식 경영을 파키스탄 현지에 심었다.

고속버스는 초창기 20대에서 현재 266대로 늘었고, 유일하게 전국 노선을 가진 업체로 40개 도시 44개 노선을 운행 중이다. 탈레반이 활개를 치는 북서부지역 등 한국인이 갈 수 없는 지역까지 버스가 들어간다. 4,000명의 종업원을 거느리면서 연간 약 500억 원가량의 매출을 기록 중이다(500억 원이 작아 보이지만 현지 구매력 기준으로 보면 5,000억 원을 넘는 액수다).

사업 초기부터 일해온 이영희 부장은 대우익스프레스의 성공비결을 다음과 같이 설명한다.

라호르에 위치한 대우익스프레스의 사무실 모습.

"파키스탄 버스는 손님이 모두 차야 출발할 만큼 시간관념이 없어
요. 예컨대 이곳에서 결혼식이 저녁 7시라면 실제 9시가 넘어서야 시
작되고 결혼식은 밤 10시에 이뤄지는 식이지요. 하지만 저희는 처음
부터 정시에 출발시켰어요. 손님들의 항의가 있었지만 밀어부쳤고,
지금은 시간엄수를 당연하게 여기지요. 둘째, 안내양 제도를 도입시
켰습니다. 이곳은 이슬람 문화가 강한 곳이라 여성의 사회참여가 쉽
지 않은데, 안내양의 출퇴근과 숙박까지 경비원을 붙여가며 밀어붙인
결과 외국 문물을 접해 고급서비스를 바라는 중상류층 고객들의 수요
를 끌어낼 수 있었지요. 안내양들도 초등학교 교사보다 2배 이상 많은
약 1만 루피(13만 원)의 월급을 받으니 지망자들이 많아요. 셋째, 테
러나 강도를 방지하기 위해 탑승 전에 손님 사진을 찍고 무장경비원

대우익스프레스 터미널의 버스 여승무원이 승객으로부터 표를 받고 있다.

을 탑승시키는 등 안전에도 심혈을 기울였습니다. 넷째, 차체를 고급화하고 간식도 제공하며 영화도 상영해 승객들의 만족감을 높였어요. 어려운 점이라면 대우를 모방한 짝퉁 버스들이 늘어나 저희를 사칭한다는 것이지요."

대우익스프레스의 성공 과정에서 에피소드도 적지 않다. 한 번은 북서쪽 스와트(SWAT)지역에서 한 젊은이가 오더니 '탈레반인데 버스에 안내양을 태우면 안 된다'며 정중하게 경고 편지를 놓고 가더라는 것. '뭐 이런 친구가 있나'라는 생각이 들어 경찰서에 집어넣었는데 나중에 경찰에서 '진짜 탈레반이 맞다'고 연락이 왔다. 깜짝 놀라 스와트지역에서는 얼른 안내양을 남성 안내원으로 바꿨고, 버스가 운행하는 도중 이뤄진 영화상영도 중단했다. 탈레반들도 교통수단이 있어야

하기에 지금까지 버스는 큰 사고 없이 안전하게 운영되고 있다.

라호르의 버스터미널에서 승객들을 맞고 있는 안내양을 만났다. 예쁜 미소를 지으며 표를 받고 있는 얼굴에서 최고의 직업을 가졌다는 자부심이 묻어 나오는 듯 했다.

읽을거리

진키를 아시나요

파키스탄의 도시 내 교통수단으로 진키라는 게 있다. 영어로는 'QingQi'라고 쓰는데 현지에게 물어보니 진키라고 발음한단다. 오토바이 뒤에 수레를 매달고 택시 영업처럼 한다. 진키에는 일단 오토바이가 필요한데, 배기량이 좀 커야 뒷부분을 끌만한 힘이 있다.

진키는 태국과 캄보디아에서 관광객들이 많이 타는 툭툭이(TUK TUK), 방글라데시와 인도 등에서 많이 보이는 오토릭샤와 비슷한 존재라고 보면 된다. 가난한 서민들이 일단 돈을 벌려고 쉽게 나서는 게 진키인데 실제로 보니 타려는 손님들이 많은 것 같지는 않았다.

재미있는 사실은 진키 뒷면에 '길의 왕자(Road Prince)'라는 표시가 있었던 것. 복잡한 도시에서는 진키가 유용한 교통수단임을 자부하는 표현으로 느껴졌다.

실제로 인구 1,150만 명에 달하는 라호르 같은 도시에서는 시내버스 등 대중교통수단이 열악했다. 시내버스는 당초 정부 지원사업으로 2000년 당시 700대가량 운행되고 있었는데, 2005년에 보조금이 끊기면서 200대가량 남아있는 상황이다. 남은 버스도 낡아 실제 가동되는 버스는 100여 대에 불과하며, 이 중 70대가 삼미대우가 사회공헌 차원에서 적자를 감수하고 운행하는 버스다. 시내버스 요금이 15~30 루피(200~400원)가량에 불과한데다, 그나마도 가난한 사람들은 부담 스러워하는 관계로 수지가 맞지 않다는 게 삼미대우측 설명이다. 그러 다보니 자연스럽게 진키가 운송수단으로서는 큰 역할을 하고 있는 게 현실이다.

진키를 타고 이동 중인 파키스탄인들.

지지부진한 파키스탄 경제

경제, 정치 불안에 발목잡히다

파키스탄은 인구 1억 8,000만 명에 79만 6,000㎢(한반도의 3.6배)의 면적을 지닌 대국이다. 그런데도 정치가 불안하고 탈레반이 설치는 아프카니스탄을 이웃으로 둔 죄로 늘 테러가 발생한다. 정치 불안은 자연스럽게 경제발전의 장애물로 작용한다. 여기에 'CNN 효과(CNN Effect)'라고 표현되는 것처럼 늘 테러에 대한 뉴스만 외신에 보도되니 외국인 투자행렬도 많지 않다.

최근 20년간 정치상황을 보자. 내각책임제인 파키스탄에서 대통령은 총리 및 내각해산권과 의회해산권을 지닌다. 대통령이 총리를 견제하다 보니 지난 1990년대에는 총리가 임기 5년을 채우지 못한 채 3년마다 물러나는 정치적 격변을 거쳤다. 1999년에는 무샤라프 당시 육군참모총장이 쿠데타로 정권을 잡았다가 2008년 쫓겨나기도 했다.

이슬라마바드 시내에서 경찰이 차량 검문검색을 하고 있다. 잦은 테러와 정치 불안은 파키스탄 경제발전의 걸림돌이다.

현재 암살된 베네지르 부토 전 총리의 남편인 아시프 알리 자르다리가 대통령을, 유수프 라자 길라니가 총리를 맡고 있으나 양자 간의 대립으로 여전히 정정이 불안하다. 특히 친미 성향의 자르다리 대통령이 막강한 영향력을 지닌 군부의 지지도 얻지 못하는 상황이다.

여기에 파키스탄 서북부의 KP(카이버 팍툰크와 & 파타)주를 주무대로 이슬람 무장세력과 탈레반 등이 활동하면서 안보위협과 사회불안이 고조되고 있다.

이러한 불안의 뒤편에는 언어가 우르두어(공용어)와 함께 펀잡어, 신드어, 푸쉬트어, 바루치어 등 14개에 이르고 부족이 400개나 되는 현실이 자리잡고 있다. 언어 충돌과 부족 간 갈등이 나라의 불안을 더욱 높이고 있는 셈이다.

후진국에서 늘상 찾아볼 수 있는 권력층의 뿌리 깊은 부패구조도 문제다. 2010년 펀잡주 지사는 대지가 8,000에이커(80만 평)에 달하는 집에 사는데 세금은 7,000루피만 냈다고 해서 화제가 된 적이 있다. 현지어로 뇌물은 찰란 주르마나(Chalan Jurmana)라고 부르는데, 교통경찰이 지나가는 차량을 멈춰서게 하면 어떤 핑계를 대서든지 300~500루피를 뜯어간다는 게 현지에서 만난 운전기사 스다캇 씨의 설명이었다.

정치·사회적 불안은 고스란히 경제성적표로 이어진다. 파키스탄의 실질경제성장률은 2007 회계년도의 6.8%를 정점으로 매우 낮아져 2008년 3.7%, 2009년 1.2%, 2010년 3.7%를 기록했다(파키스탄의 회계년도는 전해 7월에 시작해 당해년도 6월에 끝난다).

압둘 하피즈 셰이크 재무장관은 2011년 11월 "2011 회계년도 성장률이 2.4%(목표치는 4.5%)에 그쳤으며 2012 회계연도 중 4.2% 성장할 것"이라고 전망했다. 독립 이후 줄곧 대립각을 세워온 인도의 초고속성장과 비교하면 매우 초라한 모습이다.

미래전망도 그다지 밝지 않다. 우선 경제발전에 필요한 SOC(사회간접자본)가 열악하다. 도로는 1인당 국민소득 1,095달러(2010년) 수준과 비춰볼 때 상대적으로 양호하지만, 지방으로 가면 사정이 달라진다. 비포장도로가 이어지면서 물류망이 충분히 완비되지 않았다는 얘기다.

무엇보다 문제가 되는 것은 전력의 부족. 총 전력시설용량은 2만 MW로 한국의 27% 수준(인구 1인당으로는 8% 수준)에 불과하다. 수도인 이슬라마바드도 여름철에는 하루 4~8시간가량 전기가 끊기기

어디를 보는 것일까? 미소띤 얼굴이 궁금하다.

일쑤다. 이슬라마바드에서 만난 모하메드 씨(45세)는 "정전도 잦은 데다 전력 품질이 좋지 않다. 지난번에 200볼트로 공급돼야 할 전기가 400볼트로 높아지면서 집안에 있는 전자제품의 주요 부품이 대거 망가졌다. 수리비로 1만 루피(13만 원)가 넘게 들었는데, 이웃집들도 모두 그러한 피해를 봤다고 한다"고 불만을 표시했다. 운전기사가 월 8,000~1만 루피를 받는 현실을 감안하면 엄청난 손실을 입은 셈이다.

파키스탄은 가스와 석유를 생산하는 나라다. 다만 석유 생산량은 수요의 5~10% 수준에 그쳐 기름값이 비교적 비싸다. 라호르에서 보니 디젤은 리터당 94.91루피(약 1,250원)가량이었는데 현지 물가로 보면 대단히 높은 수준이다(휘발유는 리터당 87.95루피로 더 쌌는데, 이는 휘발유가 대부분 오토바이용으로 사용되기 때문이다. 일반 승용차는 더 값싼 압축천연가스(CNG)로 다닌다). 유가가 비싸지면서 2011년 10월의

학교를 마치고 집으로 가는 파키스탄 여학생들.

경우 물가상승률이 11%에 달할 만큼 높았다. 이처럼 경제가 허약하다
보니 2008년 3월부터 2011년 11월까지 루피화는 28%나 평가절하됐다.

　파키스탄의 고민은 경제발전에 필요한 재원이 턱없이 부족하다
는 것. 인도와 경쟁하느라 막대한 국방비를 쓰기 때문이다. 연간 예
산의 60~70%가 국방비로 들어간다. 압둘 하피즈 셰이크 재무장관은
"2012 회계연도 중 경제개발부문 예산은 7,300억 루피로 전회계년도
의 4,620억 루피보다 58% 높게 책정했다"고 밝혔지만 이러한 계획이
그대로 추진될지도 의문이다. 이런 연유로 인해 파키스탄의 앞날은
'여전히 매우 흐림'이라고 여겨진다.

 기가막혀

파키스탄 경제, 16년 전에 비해 반 토막?

파키스탄은 1970년대 이후 꾸준히 공업화 정책을 추진했으나 성과는
미미하다. 특히 달러로 환산한 1인당 국민소득은 16년 만에 절반 이하
로 떨어졌다. 왜 이런 일이 발생했을까?

1995년 경제지표를 보면 파키스탄의 GDP(국내총생산)는 2,742억 달
러였다. 당시 인구는 1억 3,163만 명. 경제성장률은 5%였고, 1인당
소득은 2,100달러 내외였다.

그러던 게 2011년에는 인구는 1억 8,000만 명 내외가 됐고, GDP가
1,664억 달러 수준으로 떨어졌다. 1인당 GDP도 1,000달러에 불과하다.

이처럼 소득이 반토막으로 떨어진 것은 환율 때문이다. 파키스탄은 농산물 외에 면사, 면직물, 의류, 카펫 등이 주요 수출품으로 내놓을 만한 공산품이 거의 없다. 국제 경쟁력을 갖춘 제품을 찾기 힘든 것. 1995년에도 수출은 87억 달러, 수입은 107억 달러로 무역적자였다. 2010년에도 수출은 196억 달러인 반면 수입은 310억 달러에 달했다. 해외로 나간 파키스탄인들이 송금을 해온다지만 만성적인 무역적자를 기록하다 보니 자국 화폐인 파키스탄 리라의 가치가 떨어진다. 환율이 올라간다는 얘기다.

예컨대 1995년 당시 평균 환율은 달러당 40루피 내외였다. 그랬다가 취재팀이 들렀던 2011년 11월 당시에는 달러당 86루피를 오갔으며, 2012년 2월초 기준으로 달러당 90루피에 이른다. 달러 대비 루피화의 가치가 절반 이하로 떨어지고 인구가 늘어나다 보니 달러로 환산한 소득은 지속적으로 떨어지는 모습을 보인 것이다. 달러로 환산한 소득이 지속적으로 떨어진 데는 '환율변화' 즉 '루피 환율의 가치하락(환율상승)'이라는 보이지 않는 마법이 작용한 게 주요 원인이었다.

취재팀이 탄 차량이 교통정체로 잠시 멈추자 용돈을 벌기 위해 유리를 닦는 파키스탄 소년.

파키스탄 군부의 쿠데타 가능성은

21세기 파키스탄 정치를 얘기할 때 빼놓을 수 없는 인물이 페르베즈 무샤라프 전 대통령이다. 그는 2008년 총선 패배 후 해외에서 지내왔는데, 2012년 새해 벽두부터 파키스탄의 리더십 공백을 메우기 위해 돌아갈 것이란 얘기를 하고 있다. 2012년 초 야권이 아시프 알리 자르다리 대통령의 사임을 요구하고, 군부 쿠데타설이 다시 도는 등 어수선해지자 무샤라프는 정계에 복귀할 절호의 기회로 판단하고 있는 것이다. 물론 그는 대통령 재직 시설이던 2007년 베나지르 부토 전 총리가 암살될 때 이를 묵인했다는 의혹을 받고 있으며, 미국을 지원했다는 이유로 알 카에다 등 이슬람 무장단체의 표적이 되고 있기도 하다. 다만 1999년 쿠데타로 집권한 육군참모총장 출신

철저한 보안이 이뤄지고 있는 파키스탄 관청의 모습.

낡은 차량의 지붕을 운송수단 삼아 이동하는 파키스탄인들.

의 무샤라프는 파키스탄에서 가장 힘있는 군부와 강력한 네트워크를 유지하고 있는 상황이다. 군사력 7위이자 핵보유국인 파키스탄은 인도와의 대치 등에 따른 국방력 강화에 힘입어 가장 강력한 정치세력이 돼 왔다. 1948년 독립 이후 6차례 쿠데타를 일으켜 이 중 3차례나 성공, 1958~1971년, 1977~1988년, 1999~2008년 기간 중

집권했다. 그렇다면 파키스탄 정국이 어수선한 상황에서 군부 쿠데타가 발생할 것인가?

미국 CNN은 2012년 1월 17일 전문가 분석을 토대로 파키스탄 군부의 정권 장악 가능성은 거의 없을 것으로 분석했다.

첫째, 국민들이 군부를 지지하지 않고 있다는 것. 국민들은 세 차례 집권한 군사정권이 전형적으로 무능과 부패를 보여준 것에 대해 강한 반감을 갖고 있다는 얘기다.

둘째, 민간 언론의 존재다. 신문과 방송은 늘 군부의 이상 동향을 주시하고 있으며, 최근 들어 언론 자유가 더욱 신장되는 추세다.

셋째, 독립적인 사법부도 쿠데타 감시 역할을 한다.

넷째, 파키스탄에 경제지원과 군사지원을 하고 있는 미국과 사우디아라비아 등 동맹국들은 쿠데타로 인해 파키스탄의 정정이 불안해지는 것을 원하지 않는다.

다섯째, 쿠데타 외에 현 정부를 축출할 수 있다는 것도 쿠데타 가능성을 낮추는 요인이다. 여러 건의 부패에 연루된 혐의를 받는 자르다리 대통령은 별로 인기가 없어 내년 선거 때 승리하기가 쉽지 않기 때문이다.

하지만 파키스탄의 정정이 워낙 불안한 관계로 CNN의 낙관론이 그대로 들어맞을지는 여전히 알 수 없다고 보는 게 정답이라 할 수 있다.

부르카를 쓰고 아이들과 외출하는 파키스탄 여성들.

남자는 밖에서는 사자, 집에서는 쥐

파키스탄에서는 그들만의 독특한 문화 이해도 필수적이다. 이들은 인사를 할 때 고개를 숙이지 않으며, 악수도 남녀 간에는 하지 않는다. 손님 접대는 후하게 하는 경향이 있다. 아침에 까마귀(까치가 아님)가 많이 모이고 꿀벌이 붕붕거리고 날아 다니면 '오늘 손님이 오시나 보다'라고 여기는 풍습도 있다.

결혼을 외삼촌의 딸과 하는 등 가까운 친척끼리 혼인하는 풍습도 낯설기는 마찬가지. 특히 부자집안일수록 재산이 밖으로 나가지 않도록 집안 내 결혼을 많이 한다고 한다.

무스탁 씨(45세)는 부인과 아들(8세) 딸(6세) 남매를 둔 가장. 그의 어머니는 원래 장인과 사촌간이었다. 어머니와 장인이 같은 할아버지

앞은 제대로 보이는 걸까? 페샤와르에서 본 풍경.

보는 이도 답답하게 만드는 부르카 복장.

를 두고 있었던 것. 당초 무스탁 씨가 한국에서 일할 때 그의 어머니는 사촌오빠의 딸을 며느리로 점찍어두고 있었다고 한다. 그런데 장모님이 반대를 하는 게 아닌가. 그러다가 장모님이 암으로 돌아가신 후 장인어른의 허락을 얻었다고 한다. 결국 무스탁 씨는 외당숙의 딸과 결혼하게 된 셈이다. 이처럼 친족간 결혼이 심한 파키스탄이지만 자신을 키워준 유모의 자녀와는 결혼하지 않는 전통이 있다고 한다. 같은 젖을 먹고 자라 형제자매와 같은 존재이므로 결혼을 할 수 없다는 것이다.

한편 이슬람으로서 남성의 권한이 강하지만 집안에 들어가면 사정이 달라진다고 한다. 파키스탄 속담에 '남자는 밖에서는 사자, 집에서는 쥐'로 불린다는 것. 특히 술이 판매되지 않아 저녁 놀이문화가 없는 파키스탄에서 남편이 6시에 퇴근했는데 9시경 집에 들어가면 "3시간 동안 뭘 하고 다녔어?"라며 한바탕 바가지를 긁힌다고 한다. 실제로 취재팀과 동행한 무스탁 씨는 우람한 몸집을 자랑하는데, 틈날 때마다 자신의 행선지를 핸드폰을 통해 부인에게 소곤소곤 보고하다가 소심한 모습을 들키기도 했다.

아프카니스탄을 앞에 두고

탈레반도 경제의 물길은 막지 못했다.

'아시안하이웨이 1번 도로(AH1)'는 파키스탄 북서부의 페샤와르에서 '카이버(Khyber) 고개'를 넘어 아프카니스탄으로 이어진다. 카이버 고개는 아리안족이 인도로 들어올 때, 알렉산더 대왕이 인도를 원정할 때, 무굴제국을 세운 이들이 인도를 차지하고자 넘었던 길이다. 인도대륙과 중앙아시아를 잇는 요충지다.

아시안하이웨이 취재팀은 탈레반이 무수히 출몰하고 수시로 테러가 발생한다는 페샤와르를 찾았다. 누런 먼지가 뒤덮인 낡은 도로를 지나치면서 보니 얼굴을 내놓은 여성들을 찾아보기 힘들다. 눈마저 완벽하게 망사로 가린 부르카 차림도 많다. 임격한 이슬람의 전통이 지배하는 도시임을 느끼게 하는 광경이다(이슬람 여성의 의상은 눈마저 망사로 가린 부르카, 눈을 제외한 전신을 가린 니카브, 얼굴만 보이게 온몸을 감싼 차도르, 얼굴을 보이도록 가볍게 두건처럼 가린 히잡 등으로 구분된다).

페샤와르는 아프카니스탄 국경과 불과 56km 떨어져 있는 도시. 예전부터 실크로드의 상인들도 거쳐 갔던 교역의 중심지였다. 혹시나 하는 마음에 행인들에게 아프카니스탄으로 오가는 상품들이 거래되는 곳이 있느냐고 물어보니 '바라(Bara) 마켓'을 소개한다.

기대를 안고 먼지가 풀풀 날리는 길을 가는데 군인이 검문을 서고 있는 삼거리가 나타나고 낯선 번호판을 단 대형트럭 2대가 나란히 오는 게 보인다. 트럭 앞면에 '자드란(Zadran)'이라고 쓰여 있고 밑에 '미르 아프카니스탄(Mir Afghanistan)'이라고 적혀 있다. 차량 번호는 'KHT 1846'이다. 뒷편에 '마샬란(Mashalan)'이라고 표시한 트럭이 뒤따라온다.

아프카니스탄으로 통하는 길. 총을 든 군인들이 취재팀을 데려가더니 더 이상의 전진은 허용하지 않는다고 말했다.

페샤와르의 바라마켓에서 각종 옷을 파는 이사한 씨.

　지암 하마드라는 소년이 취재팀에게 다가오더니 "이곳 삼거리는
'하야타바드 쵸크(Hyatabad Chowk)'라고 불리는데 아프카니스탄에
서 내려온 트럭들이 삼거리에서 우회전을 한 후 창고로 들어가 물건
을 싣고 다시 국경을 넘어간다"고 설명했다. 운송되는 물건은 시멘트,
밀가루, 철강, 양고기, 쇠고기 등 다양하다고 덧붙였다.
　'잠루드 로드(Jamrud Road)'라고 명명된 길을 조금 더 가니 오른쪽
으로 대형 건물들과 상점들이 500m 이상 즐비하게 늘어서 있다. 대형
건물마다 '샤 쇼핑 플라자', 'GB플라자', '아민 쇼핑 플라자', '아프기니
모바일 플라자', 'SG플라자' 등 각기 다른 명칭이 붙어 있다. GB플라
자에 가니 양털로 짠 모직물과 실크 등을 즐비하게 전시해놓고 있다.
　20대로 보이는 이사한 씨가 운영하는 숄 가게를 들르니 개당 1,400

바라마켓에서 맛본 아프카니스탄 음식인 '푼'. 잘 삶은 소의 다리에 쌀밥을 곁들인 음식인데 맛이 일품이었다.

루피라고 가격을 부른다. 길을 안내한 무스탁 씨가 구매 의사를 표시하면서 마구 깎아대니 결국 600루피에 물건을 건네준다. 테러가 빈번한 곳에서도 손님을 꼬드겨 무조건 이문을 크게 남기려는 상인정신은 팔팔하게 살아 있음을 실감하는 모습이다.

GB플라자는 4층으로 된 건물이 'ㄷ'형태로 세워져 있는 곳인데 반지하인 1층은 공장, 1층은 가게, 2층은 사무실 및 창고, 3층과 4층은 가정집 등으로 사용되고 있는 듯하다. 이사한 씨는 "이곳이 도매시장 기능을 하므로 전국의 상인이 오며, 별도로 소매시장 기능도 한다"고 소개했다. 길 옆으로 24시간 ATM기기를 갖춘 스탠다드차터드은행, 하비브은행(Bank Al Habib), 카이버은행(the bank of Khyber) 등이 보였다.

시장을 지나 약 10분가량 울퉁불퉁한 길을 헤치며 아프카니스탄

쪽으로 향했다. 도시가 끝나가는 길옆에 총을 든 군인들이 보이더니 급기야 두 번째 검문소에서 한 군인이 취재팀 차량을 세웠다. 그러더니 초소로 데려간다. 책임자인 듯한 군인이 왜 여기를 왔느냐고 묻더니 "왜 왔느냐. 앞쪽 초소에서는 어떻게 했길래 들여보냈느냐. 여기서부터는 출입허가증을 가진 사람만이 들어갈 수 있는 지역이다. 외국인은 바로 되돌아가야 한다"며 다소 화가 난 얼굴로 취재팀을 대했다. 밖으로 나와 보니 아프카니스탄으로 향하는 길 위로 파키스탄 국기가 선명하게 걸려 있는 관문이 설치돼 있었다. 사실상 그 관문 너머로는 파키스탄의 행정력도 쉽게 행사되지 못하는 곳임을 짐작할 수 있었다. 그런데도 연이어 트럭들이 그 길을 넘어 아프카니스탄쪽으로 가

바라마켓에서 본 정육점. 양을 통째로 걸어놓은 모습이 이채로웠다.

고 있다. 인근 지역이 세계에서 가장 테러가 빈번한 지역이고 탈레반 등 테러세력에 막혀 도로 통행이 자유롭지 않은데도 불구하고, 사람들은 하루하루 삶을 영위하며 경제활동도 활발하게 이뤄지고 있음을 생생하게 체험하는 광경이다.

아쉬운 발길을 되돌려 오다보니 길 옆으로 낡은 움막이 줄줄이 들어서 있다. 과거 아프카니스탄 내전을 피해 50만 명가량의 난민들이 페샤와르 인근으로 들어왔는데, 아직도 고향에 가지 못하고 근근히 삶을 이어가는 사람들의 터전이다.

카이버 고개를 넘지 못한 아쉬움을 달래고자 바라마켓 내부에 있는 아프카니스탄 식당을 찾았다. 압둘 자바르라는 종업원에게 유명한 아프카니스탄 음식을 물으니 '푼(Poun, 현지 발음은 분)'이라는 음식을 소개한다. 소의 다리를 잘 삶은 뒤 건포도와 기름을 섞은 쌀밥을 곁들

바라마켓의 모습.

인 음식인데 가격이 780루피(약 1만 1,000원)란다. 달콤한 맛이 일품인 '푼'으로 점심식사를 하면서, 이 음식을 아시안하이웨이를 달려 아프카니스탄 수도인 카불에서 현지 주민들과 함께 먹었으면 얼마나 좋았을까 하는 생각을 해봤다.

파키스탄의 지정학적 중요성

파키스탄은 경제적으로 낙후돼 있지만 국제 정치에서는 늘 주역으로 등장한다. 세계 열강인 미국, 중국, 러시아, 인도가 부딪히는 지정학적인 중요성 때문이다.

중국이 자원 보고인 서부 신장성에서 인도양으로 나올 때, 자원이 풍부한 중앙아시아 5개국이 바다로 진출하려 할 때 반드시 통과해야

이슬라마바드에서 페샤와르로 가는 M-1 고속도로 모습.

하는 곳이 파키스탄이다. 인도가 중앙아시아와 연결할 때 파키스탄을
우회할 수 없다.

현지에서 만난 한국대사관 관계자는 "중국이 1960년대에 수백 명
의 희생을 감수하면서까지 완성시킨 게 캐라코람 하이웨이다. 최근
그곳을 가보니 확장공사를 하는 중이었다"고 전했다. 캐라코람 하이
웨이는 해발 4,693m에 이르는 쿤자랍 고개를 통과하는 등 국가 간을
연결하는 세계에서 가장 높은 도로다. 중국
신장지구의 카슈가르에서 시작해 파키스탄
의 이슬라마바드 북쪽인 아보타브드까지 약
1,200km에 이른다. 중국은 파키스탄 남서
부의 구와다르항을 자신들의 군사항구로 적
극 활용할 움직임도 보이고 있다. 중국이 인
도와 파키스탄의 관계는 '타피(TAPI) 프로
젝트'로 대표된다.

파키스탄과 인도의 국경에서 바라본 모습. 국경폐쇄식
이 끝나자 인도인들이 자리를 떠나고 있다.

파키스탄 문화유적 중 하나인 '로타스 포트(Rohtas Fort)'의 일몰. 파키스탄 청소년들
이 아름다운 실루엣을 연출하고 있다.

TAPI란 '투르크메니스탄~아프가니스탄~파키스탄~인도'를 잇는
가스 파이프라인 프로젝트 건설계획으로 76억 달러가 투입돼 2016년
완공을 목표로 하고 있다. 연장 길이가 1,680km에 달한다. 당초 4개국
간 계약에 따르면 파이프라인을 통해 투르크메니스탄 가스가 각각 하
루에 아프가니스탄 5억, 파키스탄 13억 2,500만, 인도 13억 2,500만
큐빅피트씩 보내지게 된다.

인도가 카슈미르를 놓고 파키스탄과 분쟁 중이지만, 최근 상호협력
을 적극 강조하고 나선 것도 이 같은 경제적 문제가 걸려있기 때문이다.

여기에 파키스탄은 아프카니스탄에 파병 중인 미국으로서도 절대
포기할 수 없는 나라이기도 하다. 최근 미군의 폭격으로 파키스탄 군
인 24명이 사망하면서 미국·파키스탄 관계는 냉랭해졌다. 하지만 미
국은 파키스탄을 잃으면 아프카니스탄의 배후 보급기지를 상실하게

가스가 생산되는 파키스탄에서는 가스사용 차량이 많은 관계로 가스충전소가 많이 눈에 띈다.

되고 중국의 인도양 진출을 아무런 대책 없이 바라만 봐야 한다.

파키스탄은 넓은 펀잡평원으로 대표되는 농업국가로 '최후에 웃는 나라'가 될 수 있다는 평가를 받는다. 밀과 쌀 생산량이 세계 5,6위를 차지하며 사탕수수와 면화도 대량으로 재배된다. 기업농이 진출한다면 성공할 수 있는 기본적인 토대를 갖추고 있는 곳이다. 여기에 25세 이하 인구가 60%(약 1억 명)에 이를 만큼 젊은 나라이기도 하다.

수자원도 풍부하다. 이슬라마바드 북쪽에서 '파트린드 수력발전사업'을 진행 중인 수자원공사의 박원철 부장은 "개발가능한 수력발전 용량이 현재 한국 전체의 발전량보다 많다. 여기에 한국을 배우겠다는 열망도 크므로 한국이 이제 크게 관심을 가져야 곳이 바로 파키스탄이다"고 강조했다.

해외로 나가는 파키스탄인

이슬라마바드 북쪽의 카슈미르 지역에 무자바라파드(Muzaffarabad) 라는 도시가 있다. 파키스탄이 지배권을 행사하는 '아자드 카슈미르'의 주도이다. 2005년 10월 8일 일어난 진도 규모 7.6의 대지진(2005년 남아시아 지진)의 진원지였던 곳으로 수많은 사람들이 목숨을 잃었다.

나들이를 가는 파키스탄 가족. 이들도 해외로 나가고 싶은 것일까?

버스정류장의 파키스탄인들.

인구 100여만 명의 이 곳 사람들 중 농업에 종사하는 인구는 약 10% 정도. 나머지는 서비스업에 종사한다. 재미있는 것은 성인 남성의 20~30%가 사우디아라비아, 두바이, 영국, 미국, 한국 등으로 돈을 벌러 나간다는 것. 아버지가 해외에서 일해 온 것을 보고 자란 자녀들은 벌이가 신통치 않은 파키스탄을 떠나 먼 타국에서 돈을 번다.

라호르의 거리 풍경.

펀잡평원을 가로지르는 젤럼강 상류에 맹글라댐이란 곳이 있다. 펀잡 들판으로 흘려보낼 물을 저장하기위해 댐을 쌓으면서 미니푸르라는 지역이 온통 물에 잠겼다. 그러자 정부에서는 가구당 1명씩 영국에 가서 돈을 벌 수 있도록 지원했다. 그들 중 많은 사람이 현재 영국에 살고 있으며, 고향을 방문하기도 한다. 이에 따라 현재 뉴 미르푸르란 도시는 '미니 잉글랜드'로 불리기도 한다.

이처럼 파키스탄에서는 외국으로 일하러 떠나는 사람들이 많다. 이들은 가뜩이나 허약한 파키스탄 경제에 그나마 숨통을 트이게 해주는 '외화벌이 역군'으로 자리매김하고 있다.

 기가막혀

Coffee or Tea?

한국인에게 파키스탄은 '인도와 카슈미르 분쟁, 오사마 빈 라덴이 잡혔던 테러의 나라'로 인식된다. 하지만 모헨조다로와 하라파 등 고대 문명의 발상지였던 만큼 문화유적도 많고, 이슬람국가이지만 온순한 사람들이 사는 나라다.

파키스탄은 간다라미술의 요람으로 이슬라마바드 인근의 '탁실라 박물관'에 가면 온화한 표정의 불상을 다수 접할 수 있다. 동서문화의 교류에 의해 생겨난 서방요소가 짙은 미술로 처음으로 불상을 만들어 정형

화시켰으며, 이로 인해 중국과 한국의 불상 중심 불교미술에 큰 영향을 미쳤다. 라호르박물관에서는 온몸에 뼈만 앙상하고 핏줄까지 선명하게 드러나는 '단식하는 부처상'이 방문객을 놀라게 한다.

라호르 박물관에서 본 단식하는 부처상. 일명 석가모니 고행상.

알렉산더의 동방원정으로 인해 유명해진 시르캅이란 도시는 그리스, 인도, 페르시아 등의 도시가 차례로 건설된 유적으로 세월의 흐름에 따라 층층이 쌓인 유적을 볼 수 있다.

비즈니스 관행은 후진적이다. 대표적인 게 관료들과의 미팅인데 회의에 참석해야 힐 차관이나 국장이 자리를 비우면 하급자가 대리참석을 하는 게 아니라 회의를 연기해 버린다. 당연히 회의일자는 미뤄지고 일도 진척이 되지 않는다.

한 한국 기업인은 파키스탄 근무의 답답함을 이렇게 표현했다.

"사무실에 출근했을 때 심부름하는 직원이 '차냐 커피냐(Tea or Coffee?)'라고 물어 커피라고 답했어요. 연일 그러길래 출근하면 아예 커피를 가져다달라고 했어요. 그래도 매일 다시 '차냐 커피냐'고 묻는 거예요. 몇 번 반복 설명해도 안 고쳐지는데, 벌써 2년이 지나니 이젠 포기했습니다. 또 복사를 시키는데 몇 십 페이지짜리가 하루 종일 걸리더라고요. 왜 그런가 봤더니 한 쪽을 복사하면 원본과 대조하고, 다시

이슬라마바드 시장에서 튀긴 생선을 팔고 있는 가게 풍경.

복사한 후 원본과 대조하고. 간단한 복사는 내가 직접 하려고 했더니 고참 매니저가 높은 사람이 그러면 절대 안 된다고 막아요. 마음은 급한데 어떻게 할 수도 없고."

우아한 곡선이 돋보이는 간 다리미술의 상징인 조각상.

05

iran

이란

이란

- 국명: 이란회교공화국(Islamic Republic of Iran)
- 국화: 튤립
- 면적: 165만 8,000㎢
- 인구: 7,590만 명(2011년, 이란 통계청)
- 기후: 4계절 뚜렷한 대륙성 기후, 남부는 아열대성 기후
- 연평균 기온: 16.7도(테헤란)
- 연평균 강수량: 230mm(테헤란), 1000mm(카스피해 연안)
- 지형: 북부(엘부르즈 산맥)와 남부(자그로스 산맥)에 높은 산맥이 위치. 두 산맥에 둘러싸인 이란 고원과 카스피해 인근의 좁고 긴 평야지대, 페르시아만 연안지역으로 구분. 해발 500~1,500m의 이란 고원 지대가 가장 넓음
- 민족: 페르시아(51%)인이 중심, 아제르바이잔(24%), 길락-란다란(8%), 쿠르드(7%), 아랍(3%), 아르메니안(1%) 등으로 구성
- 종교: 이슬람교(시아파가 약 90%)
- 수도: 테헤란, 그 외 마샤드, 이스파한, 타브리즈, 시라즈 등이 대도시임
- 화폐단위: 이란 리알(Iranian Rial, 달러당 1만 2,260리알, 경제제재로 환율 불안정)
- 국내총생산 : 4,736억 달러(2011년), 1인당 GDP 4,741달러(2010년, IMF)
- 시차: 한국보다 5시간 30분 늦음
- 주요 자원: 석유(세계2위), 천연가스(세계2위), 광물매장량 풍부. 원유매장량에 비해 정제 기술 떨어져 원유는 수출하나 정유는 수입, 이란 남부 페르시아만의 사우스파스(South Pars)지역은 세계 최대 가스매장지역

신정국가의 그늘 – 국제사회로부터의 고립

신정국가 만들려다 경제발전 뒷걸음

두바이에서 이란 테헤란까지 비행기로 1시간 50분이 걸린다. 하지만 실제로 4시간이 걸렸다. 정비가 늦어진 탓인지 출발이 2시간이나 지연됐기 때문이다(아시안하이웨이 취재팀은 '탈레반의 나라' 아프가니스탄을 달릴 수 없어 이란으로 가기 위해 비행기를 타야 했다).

이란 국영항공사인 이란에어의 비행기는 보기에도 너무 낡았다. 자리에 앉았는데 갑자기 '툭'소리가 나더니 좌석 옆 플라스틱 덮개가 바닥으로 떨어진다. 무심한 표정의 승무원이 손으로 탁탁 쳐서 끼워 맞췄지만 바로 또 떨어진다. 기내 잡지는 코팅된 종이가 아닌 갱지다. 안에는 고급향수와 시계 대신 과자상자 뚜껑에서 보던 숨은그림찾기가 실려 있다.

테헤란에서 만난 한국 교민에게 이란에어를 이용했다고 말하니 깜

이란은 핵개발을 둘러싸고 미국과 적대관계다. '미국의 몰락을(Down with the U.S.A.)'이란 구호가 건물 외벽에 걸려 있다.

짝 놀라는 표정이다.

"예전에 지방에 가는 이란에어를 탔는데 항공사 마크 밑에 터키항 공 마크가, 그 밑에 대한항공 마크가 찍혀 있었다. 대한항공 비행기가 중고가 된 후 터키로 넘어갔다가 다시 이란으로 왔다는 얘기다(안전 때문에). 한국 교민들은 불가피한 경우만 빼곤 절대 타지 않는다."

그때서야 이란에어에 탔던 승객 중 외국인은 왜 취재팀 3명밖에 없 었을까 하는 의문이 풀렸다. 현지 사정을 잘 아는 외국인들은 모두 외 면했기 때문이다.

이란에어는 1976년 세계에서 두 번째로 안전한 항공사였다. 당시

10년간 무사고 기록을 세워 찬사를 받았다. 35년이 흐른 지금 '가장 안전한 항공사'의 영광은 머나먼 추억일 뿐이다.

이란 항공사의 비행기들은 추락사고로 악명이 높다. 2011년 1월 테헤란에서 700km 떨어진 이란 북서부 우루미에를 출발한 이란에어 보잉727기가 추락해 70여 명이 사망했다. 이란에서는 2000년 이후 매년 대형 항공사고가 발생한다. 신형항공기가 도입되지 않고 항공기를 수리할 부품도 기술자도 부족한 탓이다.

이란에어의 악명은 1979년 이란혁명 이후 국제사회에서 이란이 처한 입장과 무관하지 않다. 이란은 현재 세계 경제에서 고립된 '섬'같은 나라다. 미국을 포함한 서방국가와 대립각을 세우다보니 우군이 많지 않다.

이란은 '독자적인 핵연료 주기를 확보한다'는 목적으로 우라늄 농축 시설을 운영해왔다. 핵무기 개발을 우려한 유엔은 2006년부터 4차례에 걸친 경제 제재를 시작했다. 2010년에는 미국과 EU가 실시한 추가 제재에 캐나다, 호주, 일본 등이 동참했다. 미국 상원은 2011년 12월 1일 '이란 중앙은행과 거래하는 외국은행에 대해서는 미국 내 자산을 동결하고 미국 금융기관과의 거래를 중단한다'는 내용의 이란 추가제재법안을 만장일치로 통과시켰다. 이란으로서는 가뜩이나 어려운 경제에 더욱 큰 악재를 만난 셈이다.

이맘호메이니 국제공항에서 테헤란 시내로 향하는 40여 km 도로

이란 시내에서 볼 수 있는 최고종교지도자 하메네이의 모습.

는 왕복 6차선으로 널찍하다. 시내 도로도 나름 잘 갖춰져 있다. 하지
만 테헤란 시내는 출퇴근 시간이면 전쟁을 치른다. 평소에 30분이면
가는 출퇴근길이 2~3시간 걸리는 게 예사다. 택시기사 일을 했던 모르
테자 씨(31세)는 "테헤란 택시기사들은 오전 7시~10시, 오후 5시~7시
사이에는 운행하지 않는다. 꽉 막힌 도로 때문에 일하는 게 오히려 손
해"라고 설명했다.

이란은 나름 산유국인지라 국민소득이 2011년 6,200달러에 이른
다. 중상류층은 나름 여유가 있다. 인구 1,500만 명으로 상대적으로 발
달된 수도 테헤란의 승용차는 이미 400만 대를 돌파했다. 하지만 도로
를 넓히지 못한 곳이 많아 차량정체는 갈수록 심각해진다.

문제는 경제의 성장엔진이 급속히 식어가고 있으며 후진적인 구조

에서 벗어나지 못하고 있다는 것. 이란 GDP(국내총생산)는 2007년과 2008년 각각 7.8%, 6.5% 성장했지만 미국과 EU의 경제제재 여파가 본격화된 2009년 이후 2%대 성장률에 머물고 있다. 2011년 2%, 2012년에도 2.2% 성장에 멈출 것이라는 게 경제전문예측기관인 영국 EIU(이코노미스트 인텔리전스 유닛)의 전망이다. 수출품도 석유, 가스, 농산물, 카펫 등이다. 산업화율이 약 45%로 중동 제1의 산업국이라고 하지만, 산업수준이 낮다. 원유매장량 세계 2위 수준(1,384억 배럴에, 생산량은 세계4위 수준인 이란. 하지만 석유 정제능력은 국내 소비량인 174만 배럴보다 적은 하루 145만 배럴에 그쳐 정유를 수입하고 있다.

경제가 지지부진한 상황에서 물가는 계속 오른다. 2011년 이란 정부가 공식 발표한 물가 상승률은 19.1%. 시민이 느끼는 체감 물가 상승률은 30~40%에 육박한다. 2010년 12월 이란 정부는 가스 전기 수도 식료품 등에 지급했던 보조금을 폐지했다. 너무 싸다보니 국민들이 에너지를 마구 쓰게 되고, 정부 재정이 큰 타격을 받았기 때문이다. 하지만 보조금 폐지로 인해 리터당 100~150원 사이였던 기름값은 단번에 500원 수준으로 최대 400% 올랐다. 경찰 월급 300만 리얄(약 32만 원), 초등학교 교사 월급 400만 리얄(약 53만 원)로는 생계 유지가 불가능해 아르바이트를 병행하게 된다. 이란 국민들은 당연히 크게 반발했다.

이란을 이야기할 때 빼놓을 수 없는 것이 지하경제다. 이란 정부는

이란의 수도인 테헤란 전경. 안개와 매연으로 인해 깨끗한 도시 전체를 보기는 쉽지 않다.

2008년 매년 이란으로 유입되는 밀수품 액수가 60억 달러라고 발표했다. 전년보다 64%증가한 수치로 2002년의 1억 달러에 비해 60배가 늘었다. 관세가 높고 수입제도가 까다로워 정식 수입에 6개월~1년이 걸리는 반면, 국경을 넘기는 상대적으로 쉬워 전자제품이나 주류, 식품 등이 터키 국경이나 이란 남부해안지역 '보따리상'을 통해 수입된다. 환율만 봐도 달러당 공식적으로는 1만 1,000리얄 수준이나 암달러상들은 1만 3,200리얄가량으로 약 20% 더 쳐준다.

경제사정이 나쁜데도 이란의 신정정치는 그대로 유지된다. 이란의 정식명칭은 '이란회교공화국(Islamic Republic of Iran)'이다. 파키스탄과 함께 전 세계에서 유이하게 국가 명칭에 이슬람을 쓰는 나라다.

이란혁명이 이후 국가통치이념은 '벨라야티 파키(Velayat-e Faqih)'로 불리는데 이는 '이슬람 성직자 주도 신정정치'로 해석할 수 있다.

테헤란의 어떤 상점이나 호텔에 들어가든, 제일 먼저 하얀 수염이 얼굴의 반을 덮은 호메이니와 현 종교지도자 하메네이(1989년 취임)가 함께 있는 얼굴 사진이 걸려있다. 하기야 이란의 모든 지폐에는 호메이니 초상화가 그려져 있으니 아직도 '호메이니의 유지'가 살아있다고 해석할 수 있다.

현재 최고지도자인 하메네이 산하에 행정부·입법부·사법부가 있고, 여기에 헌법수호위원회, 국정조정회의, 국가지도자운영위원회, 혁명수비대 등 이슬람 가치를 수호하기 위한 기관이 병존하다 보니 의사결정과정도 복잡하다. 그러다 보니 이란의 관료주의는 '불투명하고 변화에 더디다'는 말로 표현될 수밖에 없다. 문제를 결정하려면 의회와 종교지도자, 정치지도자를 모두 거쳐야 하는데, 이들의 의견이 모순되는 경우가 많아 결정이 쉽지 않다는 것.

이러한 상황에서 미국과의 대립은 계속 이어진다. 테헤란 도심의 한 건물에는 커다란 성조기 문양에 'DOWN WITH THE U.S.A'란 문구가 새겨진 것을 볼 수 있었다. '미국의 몰락을' 정도로 해석되는 표현에서 반미감정이 그대로 읽혀졌다.

2009년 재선에 성공한 대통령 아흐마디네자드도 연일 미국에 대해 강경 발언을 쏟아내고 있다. 취재팀이 들렀을 때 정부 측 일간지인 〈이란뉴스〉는 연일 '영국의 제재조치는 완전 아마추어적', '중국은 반(反)이란 제재에 반대', '이란 은행에 대한 제재는 유럽의 이익을 해친다'는 뉴스를 실었다. 이란 석유장관은 미국 제재되면 유가는 배럴당

250달러까지 갈 수 있다는 강경발언을 하기도 했다.

2012년 들어서도 국제 뉴스의 주요 대상으로 이란 핵이 거론된다. 이란의 포르도 콤 나탄즈, 이스파한 사간드 부셰르 등에 있는 핵 시설에 대해 이스라엘이 폭격할 가능성이 높다는 얘기도 나돈다. 이런 상황에서 서방을 대표하는 미국과 이란의 관계는 개선될 조짐을 보이지 않고 있다.

하지만 일반 국민들은 이러한 정치흐름에 부정적이다. 삶이 피폐해지고 불편해졌기 때문이다. 일반적인 서민은 정치 변동을 바라지 않는다는 얘기도 된다.

석유회사에 근무하는 한 이란인은 "이란에서 어떤 정치인을 좋아하냐고 물어보라. 첫째, 야권 지도자로 2009년 대선에 나섰던 미르호세인 무사비, 둘째로 전 개혁파 대통령 아타미이다. 중요한 것은 세 번째로 샤(왕정시대의 국왕)를 거론한다는 것이다"고 말했다. 정권에서 축출된 지 30년이 지난 왕조의 지도자를 현 지도자보다 높게 평가한다는 얘기다. '샤'는 과거 이란의 국왕을 부르던 말이다.

이란 젊은 층도 현 정치체제에 염증을 내기는 마찬가지다. 테헤란대에 재학 중인 여대생 레일라 씨는 "우리도 터키처럼 민주화를 이뤄내고 싶다. 정부에서 자유를 억압하지만, 젊은 사람들은 페이스북 같은 SNS사이트를 통해 교류한다"고 전했다.

알 수 없는 이란 리얄화 가치

이란을 찾는 여행객이 제일 먼저 해야 할 일이 환전이다. 자칫 호텔이나 상
점을 찾아 갔다가 달러라도 내면 20~30%가량의 환손실을 입을 수 있기
때문이다. 현지를 방문했을 때 시내 고급호텔에서 적용하는 환율은 달러당
1만 리얄 내외. 은행이나 환전상에서 환전을 해주는 수도 있지만, 실제로
암시장에서는 1만 3,000리얄 이상을 적용해줬다. 특히 이란 전역에서 달
러를 직접 받는 경우는 많지 않으므로 환전을 적절히 해두는 게 필요하다.
암시장은 현지에 사는 한국인 등에 물어보면 쉽게 찾을 수 있다(신용카드나
여행자수표는 사용이 안 된다).
다음은 2011년 말 외신을 타고 전해진 뉴스.

이란의 화폐 리얄화(貨) 가치는 2012년 접어들어 사상 최저수준으로 떨어
졌다. 이란에 대한 경제제재 등이 주요 원인으로 꼽히지만 이란 정부가 고
의적으로 자국의 화폐가치 폭락을 방관하는 것 아니냐는 시각도 있다.
〈파이낸셜타임스〉는 2011년 12월 21일(현지시각) 이란 외환시장에서 달러
화에 대한 리얄화 가치는 달러당 1만 5,300리얄을 기록했다고 전했다. 2011
년 한 해 동안 리얄화 가치는 약 30% 하락했고 그해 연말 나흘 동안만 약
9.8% 급락했다. 리얄화 약세는 온갖 경제적 악재가 겹친 결과다. 이란 정부
가 석유 등 생필품에 대한 보조금을 폐지하면서 화폐가치를 떨어뜨리는 물가
상승률이 연 20%에 이를 정도로 심화됐다. 미국과 유럽연합(EU) 등이 이란
에 경제제재를 가하기로 하면서 경제불안이 고조된 것도 악재로 작용했다.
2011년 12월 20일엔 이란 정부가 서방의 대(對)이란 경제제재 조치에 동참
한 아랍에미리트연합(UAE)과의 무역거래를 중단하기로 했다는 소식이 알려

지면서 리얄화 가치가 폭락했다. UAE는 터키, 이라크에 이어 이란의 3대 교역국으로 UAE와의 무역 중단은 이란 경제의 고립을 한층 가중시키게 된다.

이란 내부의 정치적 상황이 영향을 미쳤다는 분석도 있다. 이란 정부는 평소 이란 외환시장에서 거래되는 외화의 90% 정도를 공급하고 있으며 리얄화 가치가 지나치게 떨어진다 싶으면 달러화를 내다 팔아 환율을 안정시킨다. 그럼에도 이란 정부가 환율 급등(리얄화 가치 하락)을 방치하는 것은 정부 재정적자 폭을 줄이기 위한 것이란 의혹이 있다고 〈파이낸셜타임스〉는 전했다.

조만간 이란 정부는 의회에 재정 상황을 보고해야 하는데, 리얄화 가치가 하락하면 해외에 석유 등을 팔아 벌어들인 정부 수입(달러화)이 리얄화로 환산할 때 늘어나게 된다. 이 책이 출간된 뒤에도 이란 리얄화는 얼마나 또 변할 것인지 참 알기 어렵다.

이란 화폐인 리얄화에는 이란 이슬람혁명의 지도자인 아야툴라 호메이니의 초상화가 새겨져 있다.

원유매장량 세계 3위인데 석유 수입

"이란의 땅 밑으로는 세 줄기가 흐른다. 석유줄기, 가스줄기, 물줄기가 그것이다."

이란을 얘기할 때 흔히 즐겨 쓰는 표현이다. 한반도 전체 면적의 7.5배(165만 ㎢)에 달하는 넓은 국토에 어마어마한 자원을 보유하고 있음을 우회적으로 시사한다.

세계 2위 석유회사는 어디일까? 세계 1위 석유회사인 사우디 아람코(사우디아라비아) 다음으로 미국의 엑손모빌이나 영국의 BP, 셸(네덜란드)을 꼽겠지만 답은 이란의 NIOC사다. 2009년 말 기준으로 이란의 원유매장량은 1,376억 배럴(2009년 말 기준)로 사우디아라비아와 베네수엘라에 이은 세계 3위다. 전 세계 천연가스 중 15.7%가 이란에 매장됐다. 러시아 다음으로 세계 2위에 해당한다.

이란이 미국과 유럽연합의 경제제재에도 불구하고 수년간 경제를 지탱해나가는 힘이 바로 이 자원에서 나온다. 이란은 외화 수입의 85%를 석유수출액에 의존한다. 대표 산업도 타이어와 플라스틱 용기, 섬유, 화학비료 등 원유를 가공해 만드는 석유화학산업이다.

문제는 원유를 정제하는 기술력. 매일 420만 배럴을 생산해도 정제능력은 145만 배럴에 그쳐, 국내 소비량(2007년 기준 174만 배럴)에도 못 미친다. 원유 매장량으로 세계에서 손꼽히는 나라에서 매년 정유를 추가로 수입하는 이유다. 원유생산·정제 효율이 떨어져 2008년

39억 9,000만 달러 선이었던 수입액은 2010년 68억 3,400만 달러로 급증했다.

미국, 유럽의 메이저 석유회사들은 경제제재 때문에 이란이 필요로 하는 기술력을 갖고 있지만 이란과 거래하지 못하는 형편이다. 석유 생산량이 매년 줄고 있으며, 천연가스는 가공할 액화공장과 먼 곳으로 수송할 가스파이프라인이 없어 인접지에만 보낸다.

이 과정에서 중국업체만 이득을 본다. 이란 제재로 한국뿐 아니라 미국, 유럽 업체들이 석유·천연가스 개발이나 건축·토목공사에 참여하지 못하는 틈을 타서 중국업체가 대거 입찰에 참여하는 것이다. 한국 건설업체 관계자는 "중국이 기술이 부족한데도 경쟁업체가 없어 이란에서 공사를 휩쓸고 있다"며 "중국이 개발하는 천연가스의 60%를 가져가고, 이를 통해 만든 석유화학제품의 상당수를 이란에 되파

주유소에 기름을 넣고 있는 차량들. 기름 품질이 좋지 않아 연료가 절반 정도 남으면 주유를 한다.

는 식으로 계약해 이윤도 크다"고 아쉬움을 표시했다.

이란은 중동 최대의 광물 보유국이기도 하다. 크롬, 납, 아연, 구리, 석탄, 금, 주석, 철 등 68종의 금속·비금속 광물자원이 묻혀있다. 지금까지 확인매장량만 570억 t에 달한다. 특히 아연은 세계1위, 구리는 세계2위 매장량을 자랑한다. 이란광구는 80%가 미개발상태로 남아있어 잠재력이 매우 크다는 평가다. 광공업 제품은 터키와 벨기에, 이탈리아, 네덜란드, 아제르바이잔 등으로 수출된다.

이란 국토의 태반에는 나무가 거의 없다. 하지만 비와 눈이 스며든 덕분에 지하수는 매우 풍부하다. 농업강국으로 농업이 전체 GDP의 11%가량을 차지한다. 들판도 넓다. 테헤란에서 아시안하이웨이를 따라 터키국경까지 이동한 거리가 937km(2,300리)인데 대부분 넓은 계곡이며 양옆으로 들판이 펼쳐져 있었다. 취재팀이 들렀던 잔잔과 타브리즈 등 어느 도시에서나 싼 값에 포도와 석류, 사과 등 신선한 과일을 구입할 수 있다. 먹거리가 풍부한 탓에 식당에서 빵은 '무한 리필'이다.

이란에서는 아몬드와 피스타치오 등 견과류, 석류와 오렌지, 사과 등 과일이 잘 자란다. 한국에서 먹는 아이스크림이나 마른안주, 디저트 등에 들어가는 피스타치오의 80%가 이란산이다. 카스피해의 캐비어는 김정일이 즐겨먹는다는 말에 유명세를 탔다. 한 시점에 봄, 여름, 가을, 겨울 등 4계절을 모두 경험할 수 있다는 이란은 최소한 자연환경에서 축복받은 나라였다.

이란의 국민차는 한국 프라이드?

이란 길거리에서 가장 많이 볼 수 있는 차종은 한국의 프라이드다. 눈대중으로는 길거리 차중 20~30%가 프라이드 모양이다. 한국 차라고 반가워서 자세히 들여다보면 한국 '프라이드' 마크를 단 차도 있지만 '사바(Saba)'라는 마크도 제법 많다. 기아자동차는 이란 현지 자동차회사인 사피아에 프라이드 베타 생산기술을 전수했다. 사피아가 자체 생산하는 자동차 브랜드가 바로 '사바'인데, 이란의 국민차라고 할 정도로 잘 팔리는 모델로 자리 잡았다. 제네시스와 모하비 등도 가끔 눈에 띈다.

이란 테헤란 시내 간선도로 입구에서는 갓길에 멈춘 차량을 종종 볼 수 있다. 갓길에 선 차량은 열에 아홉은 본네트를 열고 있다. 잘 정제되지 않은 휘발유

흰눈을 배경으로 한 테헤란의 도로.

때문에 차 고장이 잦아서다. 이란에서 2년여 거주한 교민은 "신차종이 계속 나와도 석유 품질이 향상되지 않아 차량이 금방 고장나는 편"이라며 "이란에서 타던 차는 비싼 외제차라도 한국으로는 거의 가져가지 않는다"고 말했다.

이란에서만 볼 수 있는 광경 중 하나는 주유소에 20여 대 이상 늘어선 자동차들이다. 취재팀 차량을 운전하던 현지인은 아직 주유계 눈금이 반 이상 남았는데도 "기름을 넣어야 한다"며 주유소에 들렀다. 아침에 ℓ당 7,000리알(당시 한화 700원가량)인 휘발유를 50ℓ 주유하고 145km가량 떨어진 지역을 왕복으로 다녀오는 길에, 기사는 주유소에 또 들러 기름을 한 번 더 넣었다. 주 이란 대사관 관계자는 "이란에서는 기름 눈금이 반만 내려가도 주유하는 경향이 있다"며 "연비가 나빠 기름을 모두 쓴 후에 주유하면 제일 밑에 가라앉는 찌꺼기까지 써야 해 차가 망가진다는 이유"라고 말했다. 주유통 윗부분에 뜬 맑은 기름만 쓴다는 설명이다.

테헤란의 서울로, 대장금과 주몽

테헤란 중심가에서 테헤란 북쪽 토찰산으로 가는 길목. 왼쪽에 주위와 다른 돌기둥이 눈에 띈다. 바로 테헤란 내 서울 공원이다. 1970년대 한국의 중동진출을 활성화하기 위해 지은 공원으로, 공원에서 시내 북쪽으로 향하는 왕복6차로 외곽 순환도로의 이름은 '서울로'다. 물론 서울에도 답례가 있다. 서울시는 '강남구 역삼동 강남역 사거리~삼성동 삼성교'까지 이어지는 왕복 10차선 간선도로의 이름을 테헤란시와 서울시가 자매결연을 맺은 1977년, 삼릉로에서 '테헤란로'로 개명했다.

한국의 이름은 2007년부터 다시 이란에서 유명해진다. 2007년 〈대장금〉에 이어 2009년 〈주몽〉이 이란국영방송(IRIB)의 황금시간대에 방영되면서 시청률 약 85%라는 어마어마한 빅히트를 기록한 것. 하지만 그 후에는 한류 붐을 이어갈 콘텐츠가 고갈되면서 현재는 과거의 일시적인 붐으로 기억되는 상황이다(다만 그 흔적 때문인지 시장에 가면 주몽 그림이 그려진 가방이나 액세서리 등이 보인다). 특히 〈주몽〉 신드롬이 확산될 때 전통 이슬람문화의 영광을 추구하는 정부와 종교 지도층이 외국문화의 붐을 경계하고자 관련 광고나 홍보활동을 자제시키기도 했다.

어찌됐든 한국과 이란은 예로부터 관계가 썩 나쁘지 않았다. 실제로 지금까지 이란은 사우디아라비아와 함께 중동에서 양대 토목시장으로 꼽힌다. 한반도 7.5배, 남한의 15배에 달하는 거대한 국토에 다른 중동지역 인구를 다 합친 것보다 많은 7,510만 명(2010년)의 인구, 국영기업 위주의 경제 때문에 발주 물량이 많다.

대림산업은 1975년 이란에서 첫 공사를 수주해 36년째 이란에서 사업을 진행하는 '터줏대감'이다. 대림산업에서는 이란 테헤란에 현지법인을 냈다. 외국인이 이란에서 일하기 위해 필요한 자격증인 '워크퍼밋'을 받으려면 외국인 1인당 현지직원 3~4명을 고용해야 한다. 한국직원과 현지 이란인을 합쳐 총 18명의 직원이 근무하고 있다. 대림산업은 세계 최대 가스매장지역인 이란 남부 페르시아만 사우스파스 지역에서 가스전 개발 공사에 참여했다

이란 업체와 상담하는 한국 기업인들.

하지만 서방세계의 이란 경제제재가 강화되면서 신규 수주는 점차 어려워지고 있는 실정이다. 실제로 국내 한 대형 건설업체는 이스파한에서 1조 4,000억 원대의 대형공사를 수주했으나, 미국 측 대주주 쪽에서 제재 때문에 문제를 제기해 공사를 포기했다.

경제교류는 그동안 활발했다. 삼성전자의 한 관계자는 "수출이 잘되려면 현지 국가의 인구가 일단 많고, 소득수준도 어느 정도 돼야 한다. 그런 면에서 이란은 중동에서 가장 중요한 나라 중 하나다"고 설명했다.

2011년 무역통계를 보면 한국의 대이란 수출은 무려 71억 8,692만 달러에 달한다. 전년대비 56.3%나 늘어난 폭발적 증가세다. 수입은 원유로 인해 113억 3,298만 달러를 기록했다. 양국 교역규모가 180억 달러를 넘으며, 이란은 한국에 있어 19번째 수출국가이자 12위 수입국의 지위를 갖고 있다. 수출입 모두 한국의 20대 무역대상국에 포함된다는 것은 그만큼 이란이 한국에게는 매우 중요한 시장임을 의미한다.

테헤란의 교통 정체

"트래픽(교통) 때문에 늦었다고? 테헤란에 길 막히는 게 어디 하루 이틀이니? 자꾸 변명할래?"

테헤란 시내는 숙박비가 비싸다. 그래서 테헤란에 있는 한국 민박집에 묵었는데, 첫날부터 큰 소리가 오가는 풍경을 보게 됐다. 민박에서 일하는 이란 현지인이 출근시간을 한참 넘겨서 나타나, 사장에게 꾸중을 듣는 모습이었다.

테헤란 주변을 둘러싼 간선도로와 이맘호메이니 국제공항에서 테헤란으로 진입하는 도로는 왕복 4~6차선으로 시원하게 포장돼 있다. 하지만 이란 최대 도시의 명성이 무색하게 시내 도로들은 늘어나지 않아 아침저녁으로 극심한 출퇴근 전쟁이 벌어진다.

여느 대도시라면 택시가 가장 분주하게 영업할 아침 7~10시에 테헤란에서는 택시를 타기가 가장 어렵다. 테헤란 시내에서 어디를 가든 길에 꼼짝없이 갇혀있어야 한다는 것을 간파한 택시기사들이 아예 느지막이 영업을 시작하기 때문이다. 개인택시운전 경력이 있는 모르테자 씨는 "교통 체증이 심한 아침 7시에서 9시 반까지는 운행을 잘 하지 않는다"며 "테헤란 시내에서는 오전 10시~오후 4시까지 운행하는 것이 가장 현명한 방법"이라고 말했다.

테헤란은 차량이 매일 내뿜는 배기가스가 빠져나가지 못하는 거대한 분지 형태라, 세계에서 대기오염이 가장 심한 도시 중 하나로 손꼽힌다. 2006

년 이란학생통신(ISNA)보도에 따르면 이란에서는 매일 호흡기 질환 때문에 27명이 사망한다. 주 원인은 2006년 기준으로 매일 1,200대씩 늘어나는 차량이다. 주 이란 한국대사관 관계자는 "테헤란 인구가 1,200만 명일 때 차량은 이미 400만 대를 돌파했다"고 말했다.

대중교통을 이용하기 불편한 탓에 사람들이 대부분 자가용을 가지고 다니는 데다, 주요 산업시설이 테헤란 시내 외곽에 주로 위치한다는 점, 환경 규정에 맞지 않는 오토바이 운행이 많다는 점도 테헤란을 뒤덮은 먼지 층을 두껍게 만든다.

테헤란을 북쪽에서 감싸고 있는 알보르즈 산맥이 카스피해에서 불어오는 습한 바람을 막아, 테헤란은 늘 건조하다. 이란 정부는 대기오염 문제를 해결하기 위해 1979년부터 '트래픽존'을 지정했다. 출퇴근 시간에 이 구역을 차량으로 지나려면 특별 허가를 받도록 해 차량 대수를 줄이려는 묘수다. 하지만 여전히 공기는 탁하다. 취재팀이 테헤란 북쪽 토찰산에 올라간 날은 가시거리가 채 2km도 되지 않았다. 오염이 심한 날은 전날 저녁께 정부에서 휴교령을 내린다. 현지 교민에 따르면 한 달에 5일간 휴교령이 내린 경우도 있다고 한다.

꽉 막힌 테헤란의 도로.

이란에 골프장은 1곳, 그나마 13홀

신정국가란 '신의 나라'를 지상에 구현한다는 의미다. 종교는 대체로 인간의 세속적 욕망을 제약하는 경우기 많은데, '신정국가'인 이란에서도 당연히 그런 모습이 보인다. 대표적인 게 바로 영국을 발상지로 하며, 전 세계 중상류층이 즐겨하는 골프다.

이란은 165만 ㎢라는 넓은 국토와 어울리지 않게 골프장이 딱 한 군데 있다. 테헤란에서도 북쪽에 해당하는 지역의 서울로 옆에 위치한 '엥겔랍(Enghelab) 골프장'이 그곳이다. 골프장 외에 축구장, 테니스장, 스케이트장 등 다양한 체육시설이 한 군데 몰려 있다.

체육시설에 들어가려면 일단 입장료를 내야 한다. 그리고 골프장에서는 다시 그린피를 내는 방식이다. 골프장은 정규 18홀로 구성되는 게 당연하다. 이 골프장도 그랬다. 하지만 1979년 이란혁명 이후 골프장은 신정국가의 통치이념에 맞지 않는다며 천대를 받았고, 그 와중에 5개 홀에 건물 등이 들어섰다. 그러다 보니 13개 홀만 남았다. 골퍼들로서는 13홀을 모두 돌고 나서도 뭔가 찜찜한 기분을 느낄 수밖에 없다. 그래서 고안한 방식이 5번 홀부터 9번 홀까지 5개 홀을 다시 도는 것. 그러면 정확히 18개 홀을 모두 도는 셈이 된다. 그리고 골퍼들은 "오늘 18홀 훌륭했어"라고 얘기하고, 다음에 다시 유일한 골프장인 '엥겔랍'에서 만날 것을 약속하며 헤어진다.

신정국가의 두 얼굴

엄숙한 이란 vs. 유쾌한 이란

#1. 테헤란에서 남쪽으로 120km가량 떨어져 있는 종교도시 콤(Qom). 시내로 들어서자 오가는 여성들의 옷차림이 눈에 띄게 칙칙해졌다. 열에 아홉은 얼굴만 드러낸 채 무늬도 없는 검은색 차도르를 발목까지 늘어뜨렸다. 테헤란에서 자주 볼 수 있었던 화려한 무늬의 스카프를 쓰고 앞머리를 드러낸 젊은 미인들은 찾아볼 수 없다.

#2. 이란의 최대명절이자 새해인 '노루즈'는 3월 21일 시작된다. 기업들과 관공서는 2~3주간의 연휴에 들어간다. 이때 테헤란공항의 새벽은 터키국적 전세기로 붐빈다. 전광판에는 '02:40 가지안텝', '02:55 가지안텝', '03:05 가지안텝'이란 표시가 계속 이어진다. 10~20분 간격으로 뜨는 비행기들의 목적지인 가지안텝은 터키 남동부의 도시인데 휴양지가 아니다.

실제 이란 승객들은 기지안텝에서 아무도 내리지 않고, 약 20여 분을 기다렸다가 다시 터키의 세계적인 휴양지 안탈리아로 떠난다. 안탈리아에는 '이란 전용 크루즈'가 운행되는데 여기서는 히잡을 벗어던진 이란 여성들이 남성들과 함께 술 마시고 노래하며 춤추는 '바다 위의 파티'가 끝없이 이어진다.

종교도시 콤에서 본 차도르를 두른 이란 여성들.

인구 107만 명(2008년 기준)의 콤은 한국인들이 상식적으로 생각하는 '신정정치' 이란과 가장 가까운 모습을 보여준다. 이란 최대의 종교도시는 이란 동쪽 끝에 위치한 마샤드지만, 실제로 이란의 정치에는 콤의 영향력이 훨씬 크다. 이란 종교혁명의 지도자이며, 모든 이란 지폐에 모습이 그려져 있는 호메이니도 이곳에서 수학했다.

취재팀은 콤에서도 가장 유명한 하자라테 마수메(Hazrat-e-Masumeh) 사원을 들러보기로 했다. 이란인들의 대부분이 믿는 시아파 이슬람에서는 네 번째 칼리프(지도자)인 알리의 자손인 이맘을 받든다. 하자라테 마수메 사원에는 열두 이맘 중 여덟 번째인 이맘 레자(765~818년)가 가장 아끼던 누이 파테메가 묻혔다. 그래서 대표적인 성지가 됐다.

그런데 사원을 들어가려니 무슬림이냐고 묻는다. 아니라고 하니까 잠시 기다리라고 했다. 그러더니 잠시 후 따로 안내를 해주겠다며 취재팀을 이끌었다. 그러면서 취재팀 중 여성인 이유진 기자에게 얼굴만 빼꼼하게 보이는 차도르를 쓰라고 한다. 현지 여인들과 같은 차림으로 걸어가다가 실수로 차도르가 약간 미끄러져 앞머리가 몇 가닥 보이자, 지나가는 이란인이 손가락으로 가리키며 몇 마디 던졌다. 알고 보니 "머리 잘 가려요!"라는 얘기란다.

사원 안에서 만난 국제관계 담당 레이비(Gheibi) 교수는 "콤에서 이슬람을 공부하는 학생은 약 10만 명이다. 이 중 1만 명은 외국인이며, 여학생도 1만 3,000명 정도 수학하고 있다"고 설명했다. 공부를 마친

종교도시 콤에서 취재팀도 옷매무새를 단정히 했다. 이슬람을 공부하는 학생과 대화하는 김상민 부장(오른쪽)과 이유진 기자(가운데). 여기서는 외국인 여성도 차도르를 둘러야 한다.

여성은 사원에서 일하거나 이란 의회로 진출하기도 한다는 말을 덧붙였다.

하지만 여성은 이란에서 여전히 제약의 대상이다. 정부는 집밖에서 결혼하지 않은 남녀가 손을 잡거나 어깨에 손을 올리는 등의 스킨십을 금지하며, 결혼한 부부라도 부부증명서가 있어야 숙박시설에 묵을 수 있다. 여성들은 뒷목과 머리카락을 노출해서는 안 된다. 수영장, 헬스장도 남녀 공간이 구분돼있다. 해수욕장에서도 여성들은 신체부위가 드러나지 않도록 무릎 위를 가려야 하며, 천막으로 둘러쳐진 독립된 공간에서 수영을 즐길 수 있다.

2011년 9월 테헤란에서 열린 아시아배구선수권 대회에서는 아프가니스탄 남자 선수가 심판에게 악수를 청했는데, '공공장소에서 남자와 악수했다'는 이유로 여자 심판이 자격을 박탈당했다.

테헤란 같은 대도시에서는 종교경찰도 빈번히 눈에 띤다. 사람이 약 10명 이상만 모여도 한 달 전에 경찰에 '집회신고'를 해야 한다. 신고를 받으면 종교경찰이 출동해, 이슬람 율법에 어긋나는 행동을 하는지 살핀다.

한국 사물놀이팀이 공연을 하루밖에 하지 못하는 해프닝도 있었다. 첫날 공연 마지막에 사물놀이팀이 흥에 겨워 일부 이란 관중을 무대에 올렸는데, '공공장소에서 여자를 어떻게 불러 올릴 수 있느냐'는 이유로 다음 날 공연이 취소됐다.

이란 정부는 인터넷과 TV등 언론매체를 통제하려 한다. 사람들이 페이스북이나 트위터 등 소셜네트워크(SNS)를 사용해 서로 교류하지 못하도록 인터넷 속도를 일부러 떨어뜨리기도 한다. 2012년 2월 9일부터 사흘간 구글, 핫메일, 야후 등 외국 이메일 계정을 통한 메시지 전송이 차단됐다는 소식이 전해졌는데, 이런 일은 종종 있어온 일이다. 페이스북, 트위터, 보이스 오브 아메리카, BBC 이란어 서비스 등도 자주 차단대상이 된다.

하지만 젊은 층에서는 대부분 정부의 규제를 피해 해외 문물을 자유롭게 받아들이고 있다. 이란에서는 500만 개 이상의 웹사이트가 차단된 것으로 알려졌으나, 소프트어와 가상 개인네트워크를 통해 해당 웹사이트에 접속하는 이란인들도 워낙 많다.

테헤란의 한 교민은 "정부가 지정한 금지 사이트가 많지만, 인터넷 사이트를 검열하지 못하도록 IP필터링을 깨는 시스템(VPN)이 이미 널리 보급돼있다"고 말했다. 전 세계 1,000여 개 채널을 방송하는 위성TV도 월 7~13만 원가량에 시청할 수 있다. 이 교민은 "가끔 단속을 해도 위성TV 안테나를 떼어가는 경찰이 수거한 물품을 안테나 업자에게 다시 되팔기 때문에 그 다음날이면 사람들이 안테나를 다시 다 달아 TV를 본다"고 설명했다.

소셜네트워크사이트 이용자도 많다. 이란의 페이스북 가입자는 공식 집계된 바 없으나 현지에서는 가입자가 수천만 명에 이를 것으로 추정했다. 이란에서 만난 대학생은 "페이스북에 올리는 내 사진이 진짜 나"라며 페이스북 주소를 가르쳐주기도 했다.

술집이나 나이트클럽, 젊은 사람들이 모일만한 사교 공간이 없는 이란에서는 사람들을 집으로 초대하는 문화가 발달했다. 한국 업체의 현지법인에서 근무하는 한 교민은 "현지인 집에 초대받아 가면 손님 오셨다며 제일 먼저 술을 내놓는다. 20여 차례 방문했는데 단 한 번도 예외가 없었다. 위스키는 비싸니까 집에서 담근 포도주를 주는 경우가 많았다. 새벽 2시까지 음악을 시끄럽게 틀어놓고 노는데, 부잣집은 나이트클럽처럼 꾸며 놓고 디스크쟈키까지 고용한다"고 전했다.

릴리라는 영어 이름을 쓰는 현지 여대생은 "친구들과는 디제이를 불러 놓고 밤새 춤추고 놀고, 외국 영화나 드라마를 보며 즐긴다"며 "우리 집에 초대해 함께 놀면 좋았을 텐데 아쉽다"고 말하기도 했다.

일생의 가장 큰 잔치라 할 수 있는 결혼식은 우리나라 결혼식보다 더 성대하다. 중상류층은 저택에 사설경비원을 세워두고, 디제이를 고용하고 케이터링업체를 불러 집을 연회장소로 꾸민다. 현지직원의 결혼식에 여러 번 참석했다는 한 교민은 "파티장에서는 당연히 히잡을 쓰지 않고, 여성의 경우 미국 등에서처럼 가슴과 등이 깊게 파인 화려한 드레스를 입는다. 밖에서는 전혀 상상할 수 없는 모습들"이라고 전했다.

파티와 유흥을 좋아하고, 외국인을 초대하기 좋아하는 모습이 반드시 화려하게만 나타나는 것은 아니다. 이란 북서부의 작은 도시 잔잔

이란 북서부 타브리즈에서 본 이란의 젊은 여성들.
추운 날씨에도 부츠와 목도리 등으로 멋을 냈다.

물담배를 피우는 이란의 젊은이.

(Zanjan)에서 마주친 여고생은 "서울은 어떤 곳이냐. 이란에 대해 좋
은 인상을 받았냐"고 유창한 영어로 말을 건 뒤, "우리집에서 차를 마
시고 가라. 어머니도 초대하고 싶어 한다"며 수줍게 청했다. 한 현지
교민은 "이란 사람들은 한국에 대해 먼 동쪽 나라, 발전한 나라라는
좋은 인상을 갖고 있다. 전 세계에서 한국인이 외국인으로 가장 환대
받을 수 있는 나라 중 하나가 이란일 것"이라고 말하기도 했다.

　낮에는 금식을 한다는 라마단을 제대로 지키는 사람도 거의 없다.
공무원과 공기업들은 엄격하게 라마단 준수를 강조하나, 고위 간부부
터 몰래 도시락을 싸와서 먹다가 발각되는 경우가 많다는 게 현지인
들의 설명이다. 외국인의 눈에는 엄격한 이슬람의 나라 이란이지만,
내부적으로는 전혀 아니라는 얘기였다.

테헤란 길거리에서는 콧대부터 콧방울까지를 붕대로 감싼 사람들을 쉽게 찾아볼 수 있다. 나이가 들수록 점점 심해지는 매부리코를 깎고, 코끝을 살짝 들어 올리는 수술을 한 사람들이다. 코 수술을 두 번 했다는 예가네 씨는 "한 번 수술했다 부작용으로 숨쉬기가 불편해 재수술했다"며 "한 번에 2,000만 리알(한화 200만 원가량) 정도 하는데, 11살 아들도 18~19세 되면 수술을 해줄 계획"이라고 말했다. 그는 코 수술은 부유함의 상징이 돼 수술을 안 하고도 붕대를 감고 다니는 사람이 많다고 귀띔했다.

이란 여성의 필수품: 히잡과 차도르

이란 테헤란으로 가는 두바이공항 탑승 게이트 앞, 젊은 금발머리의 여성과 화려한 명품 스카프를 목에 감은 여성 승객들이 비행기를 기다렸다. 간혹 발목까지 오는 검은 차도르를 두르고 눈만 내놓고 있는 중년 여성도 눈에 띄었지만 대부분이 자유로운 복장이었다.

하지만 이란항공 비행기를 타러 내려가는 길에는 어느새 모두들 목에 둘렀던 스카프로 머리를 가리고 있었다. 테헤란의 이맘호메이니 국제공항에서는 머리카락을 드러내거나 허리 위로 올라오는 짧은 상의를 입은 사람을 한 명도 찾을 수 없었다.

이란을 방문하는 여성에게 가장 신경 쓰이는 점은 역시 복장이다. TV나 영화에 비친 이란의 모습은 여성에게 검은색 히잡을 둘러씌우는 폐쇄적인 국가 이미지가 강하다. 실제로 복장규정은 다소 엄격한 편이다.

인구의 94%가 시아파 무슬림인 이란은 정치지도자와 종교지도자가 함께 나라를 이끌어가는 신정(神政)체제를 고수하고 있다. 일상생활에서도 종교적인 색채가 매우 짙다. 1979년 호메이니의 종교혁명 이후 이란에서는 여성의 복장을 법으로 정하고 있다.

여성은 외출할 때 머리카락을 가리는 히잡을 착용하고 몸의 윤곽을 감추는 옷을 입어야 한다. 히잡을 착용할 때 가장 중요한 점은 머리카락이 아니라 목 뒷덜미 부분을 가리는 것이다. 현지 이란인에 물어보니 "머리카락은 조금 보여도 상관없지만, 뒷목은 절대 드러내면 안된다. 이란에서 뒷목을 보이면 한국 사람이 가슴을 노출하는 것과 비슷한 수위로 받아 들인다"고 설명했다.

이란의 잔잔에서 만난 어린 여학생들. 이들도 히잡은 필수적으로 착용하고 있다.

상의는 엉덩이를 가릴 만큼 넉넉하고 크게 입는다. 현지에서는 무늬 없는 트렌치코트나 긴 셔츠 모양인 만토(Manteau)를 입은 여성을 흔히 볼 수 있다.

대도시로 갈수록 복장이 좀 더 화려해진다. 시골에서는 좀 더 보수적인 복장을 하는 것이 무난하다. 테헤란 시내에서는 길에서 빨간색, 금색, 여러 무늬가 들어간 기하학적 패턴 스카프 등 화려한 히잡을 한껏 머리 뒤로 내려쓴 젊은 여성들을 많이 볼 수 있지만, 종교도시 콤(Qom)에서는 히잡만 쓴 사람은 거의 찾아보기 어렵다. 대부분이 검은색이나 진한 청색의 차도르를 발목까지 늘어뜨리고, 눈만 내놓고 걸어 다니는 사람도 많다.

시골을 떠나 테헤란으로 가는 젊은 연인.

히잡을 착용한 아름다운 이란 여성.

이란에서는 사람들이 여러 명 모이면 집회 신고를 해야 하는데, 신고한 집회에는 종교경찰이 배석한다. 종교경찰은 여성 복장도 엄격하게 확인한다. 테헤란에 거주하는 교민들은 "머리를 화려하게 염색하고, 화장을 진하게 한 현지 여성이 종교경찰에 걸려 구치소에 갔다 나왔다더라"는 이야기를 전하기도 했다.

하지만 실제로 외국인은 복장이 현지 기준에 다소 못 미쳐도 크게 트집을 잡지는 않는다. 사원과 관공서에서는 반드시 히잡을 써야 하지만, 공적인 장소가 아니라면 길거리에서 흠을 잡히는 일은 거의 없다.

복장 외에도 몇 가지 주의할 점이 있다. 공식적으로 음주가 허용되지 않는 이란에는 '찻집(Teahouse)'문화가 발달했는데, 찻집은 남자들의 공간이다. 외국인 여성은 가끔 '명예로운 남자'대접을 받아 예외적으로 출입이 가능한 경우도 있지만, 일반적으로 여성은 거의 가지 않는다. 버스에는 중간에 여성 전용문이 있다. 차삯은 앞문으로 전해주되, 타는 문은 뒷문을 이용한다. 도시를 연결하는 시외버스에서는 아는 사람이라도 부부가 아니면 대부분 따로 앉고, 특히 여성은 거의 뒤쪽에 탄다.

"자유를 찾아 떠난다", 고급인력 두뇌유출도 심각

"당신 딸애 장래는 상관 없단거야?" "엄마로서 이런 환경(이란)에 키우고 싶진 않죠."

2010년 10월 개봉한 이란 영화 〈씨민과 나데르의 별거〉의 첫 대목.

화려한 스카프로 멋을 낸 이란의 젊은 여성들.

10대 딸을 데리고 외국에서 살겠다는 아내와 이란을 떠날 수 없다는 남편이 입씨름을 벌인다.

이란은 세계에서 가장 '두뇌유출'이 심각한 나라 중 하나다. 세계 각국의 인구 구조 등을 분석하는 인터넷사이트인 네이션마스터에 따르면 매년 이란인 1,000명 중 3.28명(2008년 기준)이 해외로 나간다. 2003년 1,000명당 0.86명에서 수치가 해마다 늘어난다. 해외에서 거주하는 이란인 숫자는 최소 400만 명이 넘는 것으로 알려졌다. 실업률이 25%가 넘는 등 일자리가 부족하고 교육 여건이 좋지 않아 젊은 층에서 미국, 캐나다, 영국, 호주 등 영미권으로 유학을 떠나는 비율도 높다.

테헤란에서 만난 레일라 아타이 씨는 "여동생은 미국에서 영화 공부를 하며 이란계 미국인과 결혼해 살고 있다"며 "기회가 된다면 동생처럼 외국에 거주하고 싶다"고 말했다.

부유층일수록 이란을 떠나 사는 비율이 높다. 이란에서 6년여 거주한 교민은 "테헤란 시내의 부촌인 조르단(Jordan)이나 토찰산(Tochal) 인근 지역은 집주인들이 대부분 해외에 체류하며 1년에 한 번씩 임대료만 받아간다"고 말했다.

이웃나라 터키도 이란인이 동경하는 나라로 꼽힌다. 터키는 일찌감치 세속주의를 채택해 종교(이슬람교)가 정치에 간섭하지 못하는 정책을 폈다. 이란을 떠나 자유롭게 술마시고 춤추고 싶어 하는 사람들의 심리를 겨냥한 여행상품도 불티나게 팔린다.

이란 입국이 금지된 유명가수 만수르의 콘서트가 터키의 나이트클럽에서 열리기도 한다. 콘서트에 참석했다는 테헤란 교민은 "클럽에 있던 사람들 대부분이 이란사람이었다. 터키의 휴양지에 놀러온 이란사람 중에서는 '나와 결혼해달라. 탈출하고 싶다'며 제안해오는 이란여성도 있었다"는 해프닝을 전했다.

이란의 음식문화 '납작빵의 명가'

이란의 음식문화는 터키와 비슷하면서도 조금 다르다. 진하게 우려낸 홍차를 시시때때로 마시고, 양고기와 소고기를 꼬치에 꿴 구운 케밥을 즐겨 먹는다는 점은 비슷하지만 터키에서는 보지 못하는 특이한 음식들도 꽤 많다.

터키와 가장 다른 점은 식사 때마다 곁들이는 화덕에 구운 빵이다. 식당에 손님이 오면 주머니나 바구니에 담은 노랗게 구워진 큰 빵을 가득 내놓는다. 효모를 넣어 부풀린 서양식 빵과는 모습이 다르고, 오히려 인도에서 먹는 난에 가깝지만 그보다는 훨씬 얇다. 이란에서 먹는 빵은 아침식사로 주로 먹는 라바쉬(Lavash), 바삭하고 짭잘해 터키 깨빵 같은 바바리(Barbari), 길고 납작한 산가크(Sangak)와 골이 파인 모양의 타프툰(Taftun)의 4종류다. 취재팀이 가장 많이 먹은 빵은 아침식사로 먹는 라바쉬다. 따뜻하게 나올 때는 말랑하고 쫀득하지만, 금방 말라서 종이처럼 딱딱해진다. 보자기나 주머니에 넣어 겨울 내 보관할 수 있어 추운 지방에서 많이 만들어둔다.

타브리즈의 한 식당에서는 요리사가 전통 빵 '라바쉬'를 즉석에 구워 손님들에게 제공했다.

이란인들이 즐겨 마시는 홍차.

밀가루와 물, 소금으로 만드는 이 빵은 식사 때마다 곁들이는데, 포크로 콕콕 찍어 누른듯한 구멍이 촘촘히 나 있는 것이 특징이다. 이란 타브리즈에서는 식당 앞에 라바쉬 만드는 코너를 두고 '즉석빵'을 구워 내놨다. 만드는 법도 모양만큼이나 간단하다. 밀가루에 물과 소금을 넣고 호떡모양으로 작은 반죽을 만든 후 밀대로 반죽을 얇게 편다. 거북이 등껍질같이 볼록한 틀에 반죽을 얹어 타원모양을 만들면 모양 만들기는 끝. 요리사는 반죽을 살살 떼어 우물처럼 깊은 화덕 벽에 턱 던져 붙인다. 진흙으로 만든 화덕 벽에는 올록볼록한 요철이 있어 빵에 자연스럽게 구멍이 생긴다. 반죽이 얇아 금방 익기 때문에 수십 장, 수백 장도 금세 만든다.

이란에서는 포도가 많이 생산된다. 포도를 파는 노점상.

　라바쉬는 고기 꼬치구이를 싸서 먹거나, 식전 빵 자체로 먹기도 한다. 시큼하고 짭짤한 맛이 나는 요거트(Dugh)에 찍어먹으면 방석만한 크기도 금방 먹어치운다.

　디지(Dizi)도 한국의 된장찌개처럼 흔하게 먹는 이란의 전통음식이다. 잘게 썬 양고기와 당근, 감자, 토마토 등 야채를 넣고 끓여 겉모습은 걸쭉한 닭볶음탕 같고, 진흙으로 만든 뚝배기에 국물이 진하게 담겨 나온다. 이 디지는 먹는 법이 특이하다. 먼저 어김없이 같이 나오는 라바쉬를 취향대로 뭉텅뭉텅 뜯어 그릇에 넣고, 뚝배기에 있는 국물을 그 위에 붓는다. 라바쉬를 많이 뜯어 넣을수록 국물이 걸쭉해지는데, 국물을 먹고 나서 뚝배기에 남은 고기와 야채를 먹으면 된다. 뚝배기에 담긴 고기와 야채는 식당에서 주는 특별 기구를 사용해 으깬 후 잼처럼 만든 건더기를 라바쉬에 발라 먹거나, 수저로 떠먹는다. 타브리즈의 식당에서 준 이 디지용 기구는 모양이 살짝 화장실 청소도구를 닮았다.

하루에도 6~7잔씩 호리병 모양 잔에 마시는 홍차는 이란의 음식문화에서 빼놓을 수 없는 부분이다. 이란에서 마시는 홍차는 잎차를 증숙해 우리는데 매우 진하다. 단 것을 좋아하는 이란 사람들은 각설탕을 이 사이에 물고 뜨거운 차를 마시며 녹여먹는다. 이란에서 기사 겸 가이드 역할을 해준 현지인은 채 200ml도 안되는 홍차에 흰 설탕을 세 티스푼 넣고, 각설탕 두 개를 물고 차를 마셨다. 어릴 때부터 단 것을 먹는 습관 탓에 이란에는 앞니가 까맣게 썩은 사람이 많고, 이가 약한 사람도 많다고 한다.

식사를 하면서 즐기는 물담배도 빼놓을 수 없다. 담배 맛이 워낙 순한 탓인지 젊은 여성들도 스스럼없이 즐기는 모습을 볼 수 있었다.

종교와 문화의 땅

조로아스터교의 땅, 이란

역사책에 등장하는 '페르시아'라는 단어는 그리스인이 사용한 이름이다. 이란이라는 말은 그 이전 시대의 어근에서 형성된 것으로 '아리안인들의 본바닥'을 의미한다. 페르시아인들은 인도에 침입한 아리아인과 많은 공통점(유사한 신들의 체계와 밀접한 언어적 유대)을 가지고 있었지만, 이들은 대체로 유프라테스 지역으로 진출했다. 인종적으로 볼 때 사우디아라비아나, 이라크 등 중동 국가들과 전혀 다르다.

이란을 발상지로 하는 조로아스터교는 예언자 조로아스터의 가르침에 종교적·철학적 기반을 두고 있다. 유일신 '아후라 마즈다(Ahura Mazda)'를 믿는 고대 페르시아 종교다. 유일신의 이름을 따서 마즈다교라고도 하며, 불을 숭배한다고 해서 한자어로 배화교(拜火敎)로 불린다. 배화교는 조로아스터교 신자들이 불이 타오르는 작은 제단 앞에서 제례를 치른 것에서 비롯된 것으로 보이지만, 실제로는 불 자체를 숭배한 게 아니라 동물, 나무, 헌주 등의 봉헌물에 불꽃과 냄새를 피워 경배를 했다.

조로아스터(BC 628~551년경)의 본명은 '스피타마 자라투스트라(독일어로 짜라투스트라, 철학자 니체의 책에 등장)'로 조로아스터는 그리스식 발음이다. 출생년도는 불분명하나 그가 창시한 종교는 대체로 기원전 6세기경부터 전파됐다. 파르티아 시절 유일신 신앙이 확립됐으며, 페르시아의 사산 왕조가 국교로 삼아 발전시켰다. 사산 왕조(기원 224~651)는 조로아스터교 이외의 종교는 박해했으며 이때 경제인 아베스타(Avesta)가 집대성됐고 일상어인 팔레비어 해설판이 쓰여지기도 했다. 조로아스터교의 유일신 사상, 내세관, 선과 악으로 대비되는 세계관 등은 유대교, 기독교, 불교, 이슬람교 등에 큰 영향을 미쳤다. 하지만 중동에 이슬람이 퍼지며 교세가 크게 줄었다. 오늘날에는 인도 뭄바이, 이란 야즈드, 아제르바이잔 등에 약 15만여 명의 신자들이 있다.

조로아스터교는 이원론적 일신교로 인도-게르만 계열의 여러 신을 최고의 신 아후라 마즈다 아래 두고, 우주를 선과 악의 두 원리로 설명한다. 아후라는 '주인(主)'을 의미하며, 마즈다는 '지혜'를 말한다. 다신교가 대다수를 이룰 때 '아후라 마즈다(지혜의 주)' 외의 모든 신을 거짓으로 선언한 조로아스터의 설명은 당시로는 획기적인 것이었다.

경전《아베스타》에 따르면 태초에 아후라 마즈다에서 두 영이 나왔는데 하나는 일반적으로 얘기하는 천사 '스펜타 마이뉴(Spentas

세계에서 가장 오래된 피라미드인 이란 카샨소재 '시알크 힐스'의 모습.

Mainyu)'고, 다른 하나는 악마에 해당하는 '앙그라 마이뉴(Angra
Mainyu, 후에 샤이틴 혹은 사탄)'였다. 앙그라 마이뉴는 주위에 악마
의 무리가 있어 명령에 따라 사람을 시험하거나 괴롭히는 일을 수행
한다. 여기서 인간은 타고난 이성과 자유 의지를 활용해 둘 중 하나를
선택해야 하며, 선택의 결정에 따라 인간의 운명이 갈린다.

조로아스터교는 종말론도 있다. 사람들이 죽으면 영혼이 사흘 동안
그대로 남아서 한평생 행한 일을 돌이켜 보고, 4일째에 심판대로 간
다. 육체는 풍장 혹은 조장에 의해 독수리나 들개의 차지가 되고, 영혼
은 천국의 입구에 도달한다. 그곳에서 천사 미드라의 저울에 선한 일
이 많으면 천국, 아니면 지옥으로 가는 심판을 받는다. 사후 세계에는
'하밍스타간'이란 곳도 있는데 이는 선과 악이 균형을 이루는 사람들
이 가는 곳으로, 오늘날 천주교에서 인정하는 연옥설과 유사하지만
연옥에서는 죄를 씻고 천국으로 옮겨질 수 있다는 측면에서 근본은
다른 것으로 여겨진다.

조로아스터교를 믿는 사람 가운데 가장 널리 알려진 그룹이 인도 뭄바이를 중심으로 한 '파르시'다. 이들은 수세기 전에 이란으로부터 이주하여 인도 중서부 구자라트주나 마하라스트라주에 정착한 조로아스터교도들이다. 영국은 인도 점령 당시 국내 기반이 약한 반면 '근면·정직'을 강조하는 파르시가 청교도들과 유사하다고 여겨 적극적으로 지원함으로써 인도 내에서 상당한 영향력을 갖게 됐다. 숫자는 얼마 되지 않지만 기업인이 많으며 대표적인 기업으로는 인도의 타타그룹, 와디아그룹 등이 있다. 인도의 정치를 얘기할 때 빼놓을 수 없는 네루의 딸, 인디라 간디 전 총리의 남편이 페로즈 간디인데 그도 '파르시'이다.

조로아스터교의 성지, '솔로몬의 왕좌'

이란의 넓은 영토 곳곳에는 과거 다양한 종교와 문화가 공존했던 흔적을 찾아볼 수 있다. 관광도시로 유명한 쉬라즈와 이스파한 외에도 들러볼 만한 곳이 많다. 이곳이 정말 유적지인가 싶게 아무런 안내판도 표지판도 없는 곳이 허다하지만, 찾아가보면 그 규모와 정교함에 감탄하게 마련이다.

이란의 수도 테헤란에서 아시안하이웨이를 따라 북서쪽으로 2시간을 달리면 잔잔(Zanjan)이라는 도시가 나온다. 이 도시에서 차로 1시간 반가량 서남쪽 내륙으로 들어가면 테헤란에서 750km 떨어진 지점에 탁테솔레만(Takht-e-Soleiman)이라는 세계문화유산이 등장한다.

양편으로 펼쳐지는 나지막한 구릉을 굽이굽이 돌아가면 산꼭대기에 돌더미들이 보이는데, 이곳이 바로 탁테솔레만이다. 탁테솔레만은 화산활동으로 생긴 산악지역 골짜기에 위치하는 성벽과 그 터다. 조로아스터교의 여성신인 아나히타를 기리기 위해 세운 6~7세기 사산왕조의 사원과 13세기 몽골제국 시대에 부분적으로 재건한 조로아스터교의 제단이 함께 남아있다.

2003년 유네스코 세계문화유산으로 지정된 탁테솔레만은 겉으로보기에는 단순히 오래된 성벽이다. 하지만 성문 안으로 들어가보면 10헥타르(10만 ㎡)에 달하는 거대한 크기와 성 한가운데에 있는 호수에 눈길을 빼앗긴다. 용암이 분출한 분화구에 생긴 화구호인 이 호수는 수심이 110m에 달한다. 매 초 90리터에 가까운 호수물을 밖으로 내보내는데, 현지인들은 '이 호수물은 절대 줄지 않는다'고 믿고 있다. 물에는 유황이 섞여 마시지 못한다. 물이 흐르는 자리마다 샛노란 자국이 남아있다.

유네스코는 2003년 이 지역을 세계문화유산으로 지정하면서 "자연환경과 사산왕조의 건축요소가 조화롭게 어우러졌다"며 "2500여 년간 이어진 불과 물을 숭배하는 문화가 지속되는 것을 보여주는 좋은 예"라고 평가했다. 불과 물을 숭배하는 조로아스터교는 화산활동에서 나오는 천연 화산 가스를 도기로 만든 관으로 내보내 불을 얻고, 분화구에 고인 호수물로 사원에 물을 댔다.

세계 문화유산인 '탁테솔레만(솔로몬의 왕좌)' 내부의 호수.

솔로몬의 왕좌라는 이름은 성경에 나오는 지혜의 왕 솔로몬을 연상
시키지만 이곳은 기독교 유적과는 전혀 무관하다. 이 이름은 7세기 아
랍의 침입에 맞닥뜨린 페르시안 병사들이 짜낸 책략에서 나왔다.

아랍군이 공격해온다는 소식을 들은 페르시아 병사들이 이슬람에서
선지자 솔로몬을 존경한다는 것을 알고, 이 성을 지키기 위해 솔로몬이
라는 이름을 붙인 것. 병사들은 솔로몬 왕이 한 때 이곳에 머물렀다는
그럴듯한 가짜 이야기도 지어내 아랍의 침략으로부터 성을 지켰다.

탁테솔레만에서는 몽고제국의 흔적도 찾아볼 수 있다. 13세기 아제
르바이젠과 페르시아 지역에 세워졌던 몽고 일한국(1256~1335년)은
탁테솔레만을 여름 별장으로 사용했다. 불교와 기독교를 받아들이고,

나중에는 이슬람도 포용했던 이 왕조의 영향으로 아직도 기념품으로 파는 도기에는 용의 그림이 들어간다.

이란의 '미니 카파도키아', 칸도반

터키에 카파도키아가 있다면 이란에는 칸도반이 있다. 오랜 세월 물과 바람에 풍화돼 버섯모양의 특이한 지형을 이룬 카파도키아의 규모보다는 작지만, 이란에도 비슷한 모양의 침식 지형이 있고, 그 안에 마을이 들어서 사람들이 거주한다.

칸도반 여행의 출발지는 타브리즈. 아시안하이웨이를 따라 이란과 터키의 국경 쪽으로 이동하다보면 이란 북서부의 상업중심도시 타브리즈와 마주친다. 타브리즈에 도착했을 때는 저녁부터 때 아닌 눈보라가 휘몰아쳤다. 아침에 나와 보니 차 안에 둔 생수통이 꽝꽝 얼었다. 누가 '열사의 땅' 중동이라고 얘기했던가. 최소한 겨울의 이란은 '툰드라의 나라'라고 불러도 손색이 없을 정도였다.

타브리즈에서 칸도반으로 향하는 길은 멀지는 않지만 강원도 산골짜기 마을로 들어가는 길과 비슷하다. 왕복 2차선에, 비탈진 길이 많아 제설차량이 다니는데, 제설이 '반수동'시스템이다. 모래흙을 가득 실은 차가 앞에서 눈더미를 밀어내면 흙더미 위에 올라선 사람이 삽을 들어 길에 모래를 흩뿌린다.

칸도반에 도착하면 멀리 황토빛 봉우리들이 반긴다. 1993년 상영됐던 '콘헤드 대소동'에 나오는 외계인 머리 모양을 한 고깔 봉우리들이 산 밑에 옹기종기 모여 있다. 이 봉우리들은 멀리서는 그냥 고깔 같지만, 가까이서 보면 구멍이 난 아이스크림콘을 엎어놓은 모양에 가깝다. 작은 창문과 문을 내고 사람들이 살고 있기 때문. 칸도반은 관광지라기보다는 특이한 지형을 돌집으로 삼은 사람들이 사는 조용한 마을이다.

비탈진 마을 골목길을 따라 올라가봤다. 골목길 양 옆에 있는 고깔 모양 봉우리에는 동굴을 파고 사람들이 염소와 닭을 키우기도 하고, 물건을 넣어놓는 창고로도 쓴다. 한 돌집에 들어가자, 마을 청년 셋이 모여 가축에게 줄 여물을 작두로 자르고 있었다. 밖에는 칼바람이 불어도 온통 마른 풀 냄새가 진동하는 돌집 안으로 들어서니 훈훈했다.

미니 카파도키아로 불리는 이란 타브리즈 인근의 칸도반.

때마침 마을 어귀에는 방물장수 차가 와있었다. 거울이며 샴푸, 빗 등을 팔고, 까만 차도르를 발목까지 뒤집어쓴 젊은 아가씨와 아주머니가 나와 물건을 이리저리 구경했다.

세 개의 소도시를 잇는 삼각형 모양의 평원인 카파도키아에 비하면 명칭이 무색하지만, 몇 겹의 세월이 빚어낸 아름다운 지형을 잠시 느끼기에는 손색이 없는 장소다. 이란의 타브리즈에 올 기회가 있다면 반나절 정도 잠시 들를 만하다.

칸도반에서 만난 이란 어린이들.

이란에서 숫자는 파르시

이란에 도착하면 가장 난감한 일이 숫자 읽기다. 어느 나라나 그 나라 글자를 모르면 공항에 내리는 순간 까막눈이 되기 일쑤지만 이란은 특히 더하다. 영어 표기가 석고, 특히 숫자를 알아 볼 수가 없기 때문이다.

이란 북서부의 중심도시 타브리즈의 재래시장(바자르) 근처에서 음식점에 들렀을 때다. 전통 음식을 여러 개 시켜 맛보고 물담배와 홍차도 조금씩 즐겼는데, 식사 후 받은 영수증이 전부 모르는 글씨였다. 영수증 구조는 왼쪽이 식사한 음식, 오른쪽이 금액이 분명한데 아라비아 숫자를 찾을 수가 없었던 것이다.

페르시아 대제국의 후예라는 자부심이 강한 이란인들은 아라비아 숫자를 쓰지 않는다. 문자는 오른쪽에서 왼쪽으로 쓰는 아랍어에서 살짝 변형된 형태를 사용하지만 말은 중동의 다른 나라들과 전혀 다르다. 페르시아어(Persian) 또는 파르시(Farsi)라고 부르는 이란어는 인도유럽계열 언어다.

자동차 번호판이며 도로 표지판, 간판, 영수증 등 일상생활에서 마주치는 모든 숫자를 알아보기 위해서는 파르시를 익혀 놓으면 편리하다. 1, 2, 3, 4는 각각 아라비아 숫자의 머리 부분을 작게 만들어 옆으로 시계방향으로 뉘어놓은 모양이고, 5는 물방울 모양이다. 7은 영어 알파벳 'V'를, 8은 중국 한자 팔(八)을 닮았다고 생각하면 기억하기 쉽다.

일단 숫자를 익히면 테헤란에서 이 자동차가 테헤란에서 허가받은 차

량인지 구분하기는 크게 어렵지 않다. 번호판 앞 제일 왼쪽 숫자 두 개
가 출신지역을 나타내는데, '55'처럼 같은 번호가 두 개 반복되면 테헤
란 차량이라는 뜻이다.

turkey

터키

Turkey

터키

- 국명: 터키공화국(Republic of Turkey)
- 국화: 야생튤립
- 면적: 78만 3,562㎢
- 인구: 약 7,189만 명(2008년)
- 기후: 해안지방은 온화한 지중해성 기후, 내륙지방은 계절이 뚜렷한 대륙성 기후
- 연평균 기온: 11도(남부 휴양도시 안탈리아는 평균 22도, 동부 산악도시 에르주름은 평균 6도가량으로 도시별 기온차 큼)
- 연평균 강수량: 약 400mm
- 지형: 유라시아 대륙에 걸친 형태로 서쪽 에게해, 북쪽 흑해, 남쪽 지중해가 국토의 3면을 둘러쌈. 동쪽에는 터키 최고봉 아라랏산(5,165m)을 비롯해 산악지형이 발달. 중앙지역은 고원지대와 좁은 해안평야 등으로 구성.
- 민족: 터키인(80%), 쿠르드인(20%), 공식 숫자나 지금은 25%로 증가
- 종교: 이슬람교(99.8%)
- 수도: 앙카라. 이스탄불, 이즈미트 등 마르마라해 인근에 대도시 밀집.
- 화폐단위: 터키 리라(Turkish Lira, 달러당 1.78리라, 2012년 3월)
- 국내총생산 : 9,583억 달러(2010년) 1인당 GDP 1만 399달러(2010, IMF)
- 시차: 한국보다 7시간 늦음
- 주요 자원 : 넓은 국토를 활용한 밀·쌀·면화·과일 재배 활발. 이웃나라 이란과 달리 석유, 천연가스가 부족해 에너지의 대부분을 수입.

영욕의 터키 역사

터키로 가는 길

이란에서 터키로 가는 여정은 순조로웠다. 양국 간 관계도 좋고 지형도 평탄한 덕분이다. 다만 중동이 모두 '열사의 땅'은 아니며, '눈보라 치는 동토'도 있음을 실감하는 여정이었다.

테헤란에서 북서쪽 터키 국경인 바자르간까지 거리는 937km(2,300리). 북쪽으로 하얀 눈이 쌓인 알브로즈산맥이 끝없이 이어지는 가운데 왕복 6차선 도로가 타브리즈까지 길게 뻗어 있다. 타브리즈는 이란 북서쪽의 상업 중심지로 터키계 민족인 아제르바이잔인들이 많이 산다. 취재팀이 도착할 당시 날씨는 영하 10도 내외에 눈보라가 치는 상황이어서 추위에 덜덜 떨어야했다.

다음날 국경으로 향할 때 날씨가 약간 좋아졌다. 길은 왕복 4차선, 다시 2차선으로 좁아지는데 포장이 잘돼있다. 지나가는 차량을 보니 번

이란과 터키의 국경에 양국 국기가 걸려 있다.

국경에 위치한 주류면세점. 이란은 이슬람국가로 음주가 허용되지 않지만 실제로는 많은 이란인이 술을 마시며, 이란에서 소비되는 많은 술이 터키에서 들어간다.

호판에 영어 알파벳과 아라비아 숫자가 쓰여 있다. 터키 국적의 트럭들이다. 타브리즈에서 국경까지는 288km인데 3시간 30분가량 걸렸다. 중간에 휴식시간까지 감안하면 대략 시속 90~100km로 달린 꼴이다.

국경에 도착하니 터키로 넘어가는 화물차들이 늘어서 있는데 숫자는 많지 않다. 반면 출국 수속을 받는 곳은 사람들로 붐볐다. '체인지 머니(Change Money)'?, '리라?'라며 서투른 영어로 외치는데 그 다음의 대화가 잘 진행되지 않는다. 바자르간을 통해 터키로 들어가는 외국인은 거의 없는 관계로 이곳 환전브로커들은 영어를 거의 모르는 듯 했다.

국경 통과는 아주 쉬웠다. 영어로 쓰여진 간판이 없어 어리둥절해하는 취재팀을 친절한 이란 국경수비대 요원이 자진해서 안내해줬다. 철문을 넘어서는데 마치 옆집 대문에 들어서는 느낌이다.

터키 관료에게 입국 스탬프를 받고 나오니 왼쪽에 면세점이 보인다. 들어가보니 제법 규모가 큰 가게에 온통 술이다. 보드카, 잭다니엘, J&B, 글렌피딕, 조니워커 등 헤아리기 어려울 만큼 브랜드가 많았다. 이란에서는 술 판매가 금지돼 있기 때문에, 이란인들이 터키에서 양주 등을 산다는 얘기를 실감하는 광경이다. 이란 사람으로 보이는 중년남성 2명이 돈을 주고 큰 양주병을 사더니 옷 안에 숨기는 모습이 눈에 띄기도 했다.

터키 쪽으로 넘어올 때 보니 이란에서 나오는 화물트럭은 대부분 텅 빈 상태다. 반면 이란으로 들어가려는 화물트럭은 국경선 외곽부터 약 400여 대나 길게 늘어서 있다. '트라브존 로지스틱스'라는 간판

이란으로 들어가는 화물트럭 행렬. 국경지대인 바자르잔은 미국의 경제 제재를 받는 이란에게 아주 요긴한 무역 통로다.

을 단 트럭이 많았는데, 트라브존은 터키 북동부의 항구로 물류 중심 도시임을 감안할 때 이란으로 들어가는 많은 물건이 트라브존을 통해 들어옴을 알 수 있었다. 지나가는 한 터키인에게 물어보니 "이란은 터키에서 TV, 세탁기 등 전자제품과 가구, 소파 등을 수입한다. 이란에서 터키로 넘어오는 물건은 견과류나 과일 등인데 물량이 많지 않아 빈트럭으로 그냥 나오는 수도 많다"고 전했다. 서방세계의 경제제재로 힘들어하는 이란이 대외교역의 많은 부분을 이란에게 의존한다는 얘기였다.

돈독한 터키와 이란

터키와 이란은 인접국이지만 충돌의 역사가 많지 않다. 오히려 양국의 주축을 이루는 투르크인들과 페르시아인들은 양측 국경에 자리 잡은 쿠르드족과 아르메니아인들을 대할 때 협조 관계를 이루기도 했다. 여기에 석유와 가스 측면에서 터키가 이란에 크게 의존하고 있고, 이란도 터키를 통해 각종 무역을 하므로 서로 협력을 잘하는 편이다.

그 덕분인지 터키는 이란의 주요 수입국 순위에서 급상승하는 모습을 보여줬다. 이란의 대터키 수입이 2008년 10.63억 달러에서 2010년 34억 2,300만 달러로 높아지면서 순위가 10위에서 5위로 껑충 뛴 것이다. 이란 수입에서 차지하는 비중도 2010년 5.49%에 달해 한국(5.88%) 추월이 시간문제가 되고 있는 실정이다.

이란국경 쪽에 위치한 세관. 터키를 다녀온 이란인들이 가지고온 짐들이 놓여있다.

이를 반영하듯 터키의 압둘라 귤 대통령은 2011년 2월 터키 대통령으로서는 9년 만에 이란을 공식 방문하여 이란 대통령과 최고 지도자를 면담했다. 이란 대통령은 양국이 힘을 합쳐 아랍권에서 주도권을 잡자고 호소했다. 귤 대통령은 국빈 방문에서 재계 인사 등 260명의 대규모 대표단을 이끌었으며, 과거 400년 동안 평화적이고 안정적인 관계를 유지했던 것처럼 대 이란 관계를 지속할 것이라고 약속했다.

터키는 그에 앞서 2010년 6월 UN의 대이란 4차 제재안 표결에서 미국 등 서방의 만류에도 불구하고 반대표를 행사했으며, 2011년 터키 이스탄불에서 'P5+1그룹(유럽 5개 상임이사국+독일)'의 핵 협상을 중재했다.

터키로 입국하려는 사람들이 줄지어 순서를 기다리고 있다.

물론 터키도 걱정이 없는 것은 아니다. 이란이 핵을 갖게 되면 터키는 2군데 핵보유국(러시아와 이란)을 옆에 두고 생활해야 하기 때문이다. 하지만 경제적으로 워낙 밀접하게 연결된 이란과 터키이기 때문에 양국의 협력은 계속 이어질 것으로 전망되고 있다.

노아의 방주와 아라랏산

이란 테헤란에서 터키국경 도우베야짓으로 향하다보면 멀리 어렴풋하게 거대한 산의 모습이 보인다. 국경에 가까워질수록 산의 모습이 또렷해지고, 눈 덮인 산의 형체가 손에 잡힐 듯 가까워진다. 100km 떨어진 곳에서부터 그 형체를 드러내는 산의 이름은 바로 아라랏산이다. 아라랏산은 해발 5,165m로, 터키에서 가장 높은 산이다.

아라랏산은 닮은꼴의 큰 삼각형과 작은 삼각형이 이어진 형태인데, 작은 아라랏산 높이도 해발 3,925m에 달한다. 아라랏이라는 이름은 성경에 등장해 일반인에게도 친숙하다. "일곱 째 달 곧 그달 열이렛날에 방주가 이리랏 산에 머물렀으며(창세기 8장)"라는 부분이 나온다.

《성경》에 따르면 40일 동안 계속된 비로 세상이 잠기고, 미리 만들어 놓은 네모난 배(방주)에 탔던 노아의 가족들과 암수 한 쌍의 동물들만 살아남았다는 내용이다.

이 산이 일반인에게 더욱 유명해진 것은 《성경》에 나오는 노아의 방주를 찾기 위한 탐사작업이 시작되면서부터다. 1800년대부터 전 세계에서 노아의 방주를 찾으려는 움직임이 있었고, 1980년대 아폴로 15호에 탑승했던 우주인이 노아의 방주를 아라랏산에서 발견했다는 보도가 나왔지만, 노아의 방주는 찾을 수 없었다. 아라랏산 맞은편 골짜기 경사진 지역에 뾰족한 뱃머리 부분이 남아있는데, 이곳이 방주가 묻힌 곳이라고 알려졌다. 하지만 실제 방주가 묻혀있는지 확인할 방법은 없다. 지금은 골짜기가 내려다보이는 언덕에 전망대 겸 카페 하나만 쓸쓸히

《성경》에서 '노아의 방주'가 닿았다고 알려진 아라랏산.

남아있다. 올라가보니 날카롭게 뭔가에 쓸리거나 깎인 모양으로 뱃머리 모양이 남아있긴 하지만, 형체가 뚜렷하지 않아 '귀에 걸면 귀걸이, 코에 걸면 코걸이'해석이 가능할 것 같은 모양이었다. 그래서인지 '노아의 방주'를 보러 오는 인파도 적어 카페는 주인도 없이 굳게 닫혀 있었다.

1920년 운석의 낙하로 형성된 폭 35m, 깊이 60m의 운석 현장, 아라랏산 인근에 있다.

한-터키 우정 확인한 반의 지진현장

터키 동남부 작은 도시인 에르지쉬는 넓다란 반(Van) 호수변에 위치한 아늑한 도시다. 주민 대부분이 쿠르드족으로 오손도손 살아가는 마을이다. 하지만 2011년 10월 23일 리히터 기준 7.2의 지진이 덮치면서 이곳은 '불행의 현장'이 됐다. 에르지시와 반(Van) 등 지진으로 무너진 건물이 2,000여 동이고, 사망자는 600여 명에 달했다. 취재팀은 지진의 여파가 가시지 않은 현장을 들러봤다.

이란·터키 국경에서 남쪽으로 방향을 돌려 에르지시로 들어서니 대로변에 기우뚱한 건물이 단번에 눈에 들어온다. 거리 쪽으로 15도가량 기울어져 있어 금방 무너질 듯하다. 유리창은 이미 다 깨졌고, 건물 아래에는 떨어져나간 벽돌더미가 수북하다. 나무막대기로 벽돌더미를 뒤지던 열 살 짜리 세르핫은 "철근을 찾으면 모아서 팔고 나무는 장작을 땐다"며 수줍게 웃었다.

도시 빈터나 집 마당마다 '터키적신월사(Turk Kizilayi)'라고 쓴 흰 텐트를 찾아볼 수 있다. 집을 잃었거나, 아니면 무너질까 무서워서 집 안으로 들어가지 못하는 주민들이다. 무너지진 않았지만 거주가 불가능한 건물도 3,700여 동에 달한다는 얘기도 나돈다. 에르지쉬 거리에서 만난 메틴 발즈 씨는 "지난 지진 때 41세밖에 되지 않은 아내를 잃었다"며 아내의 신분증과 사진을 보여줬다. 사촌인 빌렌트 발즈 씨는 "딸이 3명인데 모두 안전하다. 열두 살짜리 막내딸이 무너진 건물 더미에 깔렸는데 16시간만에 구출됐다"며 가슴을 쓸어 내렸다.

현대식 건물도 지진을 피해가지 못했다. 에르지쉬에서 남쪽으로 100km가량 떨어진 반 시 중심가에서는 최신식 호텔 '바이람(Bayram)'이 2차 지진 때 무너졌다. 취재팀이 찾았을 때 이미 잔해는 모두 치워지고 빈터만 남아 있었다. 이 호텔은 1차 지진이 난 후에 반 시를 찾은 외

지진으로 집을 잃은 사람들을 위한 텐트촌의 촌장 역할을 하고 있는 수왓 첼릭 씨.

국인과 기자들이 주로 묵던 곳이었다.

반 시 시내에 위치한 보조경기장에는 대규모 텐트촌이 세워졌다. 격자모양으로 열을 맞춰 가지런히 친 텐트는 총 156개. 어린이 356명과 환자 64명을 포함해 총 1,373명이 이 텐트촌에서 머문다. 가족별로 지급하는 주거용 텐트가 가운데 위치하고, 샤워장과 세탁실 등이 주위를 둘러싸고 있다.

지진 발생 후 영국, 러시아, 이란 등 세계 여러 나라에서 텐트와 구호물자를 보내왔다. 하지만 제일 먼저 도착한 물자는 한국에서 보낸 것이다. 텐트촌 촌장 역할을 하는 주 핸드볼 대표팀 감독 수왓 첼릭 씨는 "한국 진주에서 청소년스포츠 담당하는 분들과 시민 1명이 지진난 지 나흘 만에 침낭 64개를 보내왔다. 두꺼운 외투 8벌과 스웨터 5~6

벌, 장갑과 모자까지 함께 들어와 위급한 상황에서 정말 긴요하게 썼다"며 감사를 표했다.

첼릭 씨는 "반 시 전체 인구 80만 명 중 40만 명은 이미 다른 동네로 이주했고, 나머지는 건물 붕괴 위험 때문에 집이 있어도 곳곳의 텐트촌에서 거주한다"고 설명했다. 하루에 적으면 두 번, 많으면 200차례까지도 발생하는 여진에 대한 공포는 이재민들의 가장 큰 적이다.

반 시는 해발고도가 1,500m를 넘어 겨울에 매우 춥다. 추위가 뼛속까지 스며든다. 텐트 내부에는 습기가 올라오지 못하게 카펫과 담요를 깔고 전기난로를 설치했지만 냉기가 여전하다. 환자가 있는 텐트

2011년 10월 리히터 기준 7.2의 지진이 덮친 반 지역. 기울어진 건물이 당시의 참상함을 보여주는 듯하다.

에만 석유난로를 둔다. 영하의 날씨 속에서 이재민들은 이번 겨울을 온전히 이곳에서 지내야 한다. 첼릭 씨는 "장관이나 수상이 지급하는 컨테이너가 운반 중이지만 우선 관공서 용도로 사용하게 된다"며 "컨테이너를 제작해 도착하기 전까지는 겨울을 텐트촌에서 나는 수밖에 없다"고 안타까워했다.

텐트촌에서는 아장거리며 걷는 세살 꼬마부터 15, 16세 사춘기 소녀들까지 어린이들이 모자도 쓰지 않은 차림으로 뛰어다니며 까르르 웃어댄다. 체육관에 모여 모두 춤을 추는데 아무 걱정이 없는 표정들이다. 아이들에게 가장 필요한 학교 수업은 언제부터 시작한다는 기

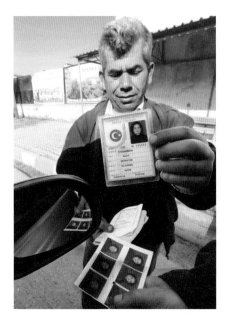

지진으로 인해 사망한 아내의 사진을 보여주는 메틴 빌즈 씨.

지진현장에도 희망은 있다. 밝은 표정으로 웃는 터키 어린이들.

약이 없다.

배드민턴 코치 출신으로 텐트촌 관리를 맡은 에르한 에즈기 씨는 "원래 학교를 11월 5일부터 열 예정이었는데 계속 여진이 발생해 연기했다. 내년은 돼야 수업이 이뤄질 것 같다"며 안타까워했다.

집을 잃고 가족을 잃고 텐트촌에 나앉은 상황에서도 이재민들은 자신의 처지를 비관하지 않았다. 취재팀이 텐트촌에서 머무는 한 이재민에게 "빨리 지진 피해현장이 복구되길 바란다"고 전하니 그는 "죽은 사람이야 이미 하늘로 갔고, 살아있는 사람들은 그저 감사할 뿐"이라며 밝게 웃었다. 이슬람교도답게 '인샬라(신의 뜻이라면)'인 듯 했다.

에르지시에서는 무너진 건물 사이로 온전히 남아있는 결혼식장 앞에 정장을 차려입은 하객들이 눈에 띄었다. 꽃으로 장식한 차를 연달

지진으로 인해 천막생활을 하는 터키인들.

아 5~6대씩 몰며 결혼을 축하하는 행렬도 볼 수 있었다. 지진 속에서
도 삶은 계속되는 모습이었다.

아르메니아의 흔적: 유적만 있고 사람은 없다

반(Van)지역에는 아르메니아 유적이 여기저기 남아 있다. 역사적으
로 아르메니아인들이 터키 동부에서 활약했음을 보여준다. 기원전 13
세기경부터 이 지역에는 우라르투 왕국이 번성했는데, 수도는 지금도
성벽이 남아있는 반 성채지역으로 정했다. 반 성채는 기원전 858년 우
라르투왕국의 사르두르 1세가 건설했다. 왕의 업적을 찬양한 설형문

자로 된 비문이 암벽에 새겨져 있다. '노아의 방주'가 닿았다는 아라랏 산은 우라르투를 지칭하며, 아르메니아는 우라르투라는 이름이 바뀐 것이라는 얘기도 있다.

반을 찾는 관광객이 들르는 곳은 악다마르 섬(Akdamar Adasi). 호수 기슭에서 1km 떨어져 있는 작은 섬으로 10세기 초에 건설된 아르메니아교회가 있으며 교회 외벽의 부조가 유명하다. 아담과 이브, 다윗과 골리앗 등 성경 얘기가 새겨져 있고 성모 마리아 등 성인들의 얼굴도 부조로 되어 있다. 예전 육지의 청년과 섬에 있는 아가씨가 사랑에 빠져 부모 몰래 만남을 가졌는데, 늘 아가씨가 등불로 청년을 인도하면 청년은 헤엄을 쳐서 섬으로 건너갔다고 한다. 그러다가 아가씨가 아버지에게 발각돼 등불을 빼앗겼고, 이를 모른 청년이 바람이 불던 날 등불을 따라 가다가 결국 섬에 닿지 못하고 빠져 죽었다는 얘기가 전해진다. 어찌됐든 하루에 7번 색이 바뀐다는 소금 호수인 반 호수는 오랫동안 아르메니아인들의 주요 거주지 중 하나였다.

그러나 지금은 유적 외에 거주하는 아르메니아인은 거의 없고, 그 자리를 쿠르드족이 대부분 메우고 있다. 왜 이런 일이 생겼을까? 이는 제1차 세계대전이 진행 중이던 1915~1917년 당시 터키가 행한 '아르메니아인 대량학살(Genocide)'과 관련이 있다. 히틀러의 '유대인 학살' 이전에 나타나는 최대 규모의 대량학살이지만, 터키는 지금까지도 이를 부인하고 있는 상황이다.

1차 세계대전 당시 터키에 살던 아르메니아 사람들은 대략 150~

터키 동부에서 자주 보게되는 양치는 풍경. 양치기들은 추운 겨울에도 양들을 보호하며 고독과 싸운다.

200만 명. 고대 아르메니아인들이 살던 땅은 여러 문화권이 교차하던 곳으로 기원 후 로마, 페르시아, 아랍, 몽골, 터키 등에 의해 차례로 지배를 받았다. '에스토리우스파 기독교도'인 아르메니아인들은 오스만투르크 시절 법정 증언이나 무기소지 권리 등을 갖지 못했으며, 터키인들보다 더 무거운 세금을 내야 했다. 19세기 후반 아르메니아인들이 독립을 주장하고 나서자 터키는 이들을 공격했고 이 와중에 수백만 명이 목숨을 잃었다. 탄압을 일삼던 오스만투르크는 온갖 부패와 근대화 실패로 무너졌고 1913년 청년투르크당이 권력을 잡았다. 여기서 모두 30대인 '엔베르 파샤, 아흐메트 세말 파샤, 메흐메트 탈라트 파샤' 등이 권력을 나눠 갖는 3두 정치가 시작됐다.

터키 권력층은 아르메니아인이 불만을 계속 제기할 경우 '범 터키 제국'이라는 일원화 계획에 차질을 빚을 것을 우려했고, 탈라트 파샤가 이끄는 터키 내무부에서는 나짐 베이 박사 등을 중심으로 대대적인 아르메니아인 제거계획을 마련한다. 그리고 1915년 4월 24일 토요일 밤, 즉 '순교자의 날'이라는 시점을 계기로 당시 수도인 콘스탄티노플(현 이스탄불)에 있던 정치인, 작가, 예술가 등 아르메니아인 인사들은 터키 경찰에 의해 붙들려 갔고 대부분 다시 세상에 나타나지 못했다. 터키 동부에 살던 아르메니아인들도 '강제추방 칙령'에 따라 거주지에서 쫓겨났으며, 대부분 이동 중 고문을 당하거나 살해당했다. 반 지역에도 약 3만여 명의 아르메니아인이 있어 터키에 저항했으나 결국 달아나야 했고, 살아남은 자들은 결국 옛 소련의 아르메니아 지역으로 가서 나라 건립을 도왔다.

제1차 세계대전의 종전 시점에 총 150~200만 명의 터키 내 아르메니아인 가운데 60만 명가량이 살아남았다. 그중 25만 명은 러시아로 피난을 갔고, 나머지 40만 명은 터키나 중동 각 지역에 뿔뿔이 흩어지면서 대부분 강제적으로 이슬람교로 개종해야 했다. 학살을 주도한 사람 가운데 처벌을 받은 사람은 거의 없었고, 3두정치의 인물이던 엔베르, 탈라트, 세말은 모두 독일로 도망쳤다.

터키 정부는 학살을 오늘날까지 부인한다. 하지만 국제 제노사이드 학회는 1998년 6월 결의안을 통과시키면서 터키의 사죄를 요구하고, 학회 소속 126명의 학자들이 뉴욕타임스에 광고를 게재했다.

한편 학살을 주도했던 탈라트 파샤는 1921년 베를린에서 소고몬 텔리리안이란 아르메니아 청년에게 총으로 암살당했으며, 해당 청년은 법원에서 배심원들로부터 무죄 평결을 받은 후 미국으로 이민을 갔다. 세발 파샤는 1922년 그루지야에서 아르메니아인 3명의 총에 맞고 쓰러졌다. 오스만투르크의 전 총리는 이탈리아에서 자신의 차를 몰던 중 암살당했다. 정의를 실천한 가해자들은 대부분 도망치거나 법정에서 무죄선고를 받았다.

고풍스러운 산상 도시 마르딘

#동틀녘 하늘이 어슴푸레하게 밝아온다. 하늘을 선회하던 비둘기가 갑자기 고개를 꺾으며 날개쳐 제자리서 한 바퀴 뒤로 돈다. 상아색 돌로 만든 거대한 건물 지붕에서는 한 남자가 펄쩍 계단참으로 뛰어내려오더니, 순식간에 옆으로 빙글 돌며 성벽 위를 타고 올라간다.

남자가 말한다. "이곳에는 많은 문화와 종교, 건축물이 섞여있죠. 영화처럼 (시도)할 수 있는 장소에요. 비둘기들도 뒤로 공중제비를 돌죠."

눈으로 보면서도 믿기지 않는 이 신기한 영상은 맨몸으로 건물을 오르고, 건물 사이를 뛰어 건너는 익스트림스포츠의 일종인 파쿠르를 이용한 기능성 에너지드링크 레드불 광고(redbull.com.tr)다. 파쿠르는 대개 높은 건물들이 늘어선 도심에서 겨루지만 이 영상은 터키의

고풍스런 산상도시 마르딘.

마르딘이라는 작은 역사 도시에서 촬영했다.

마르딘은 터키 남동부, 시리아와 이라크로 연결되는 메소포타미아 평원을 내려다보는 바위산 꼭대기에 위치한 성벽도시다. 마르딘이라는 이름도 '요새'라는 뜻의 고대 시리아어에서 유래했다.

해발 999m, 설악산 한계령(해발 1,004m) 높이의 도시는 메소포타미아 평원에 우뚝 솟아 고도가 훨씬 높아 보인다. 파쿠르 선수 말처럼 이 도시에는 여러 문화와 종교가 어울려 있다. 이슬람과 기독교, 유대교, 시리아 정교의 사원이 남아있고, 4곳에서 카톨릭 미사를 거행한다. 가이드를 자처한 마르딘 출신 시마이 양(18세)은 "아침이면 교회의 종소리와 모스크의 아잔(이슬람교에서 예배시간을 알리는 소리)이 울린다. 마르딘에서는 종교가 다르다는 이유로 차별받지 않는다"고 설명했다.

마르딘에서 만난 시마이네 가족. 다정다감한 이 가족은 취재팀에게 커피를 대접했으며, 저녁 식사를 같이 했으면 좋았을 것이라며 아쉬움을 표시했다.

마르딘에는 1160년부터 1932년까지 시리아정교의 총본부가 머물러 시리아정교 신자들이 제법 있다. 총본부는 1932년 시리아 수도인 다마스커스로 옮겨갔다.

마르딘에서는 이슬람 모스크인 울루 자미와 7km가량 떨어진 시리아 정교의 수도원 데이르 엘 자파란(Deyr El Zafaran, 사프론 수도원)이 유명하다. 하지만 굳이 유적지를 찾아가지 않아도 빛바랜 장미색의 은은한 돌로 만든 옛 집과 골목길 등에서 다른 터키도시와 다른 이색적인 분위기를 충분히 느낄 수 있다.

돌을 쌓고 깎고 다듬어 만든 돌의 도시 마르딘에는 여러 왕조가 번

갈아가며 침략했던 역사가 켜켜이 쌓였다. 640년경 아랍이 침입했고, 12~14세기경에는 동부 아나톨리아와 메소포타미아 북쪽을 점령했던 터키 아르툭 왕조의 수도로 번성했다. 몽골 일한국 제국의 영향권 아래 있던 마르딘은 1517년 오스만투르크가 점령한 이후 이슬람 문화권으로 남았다. 1915~1916년 아랍, 아시리아 시리아 아르메니아 기독교인들을 숙청하는 대학살이 행해진 이후에는 살아남은 기독교인들이 시리아 남부 등으로 이주했다고 전해진다.

2009년 조용하고 고풍스런 도시 마르딘에서는 100여 년 전 대학살의 기억을 되살리게 하는 사건이 일어나 터키 전역이 떠들썩했다. 2009년 5월 자신과의 결혼을 거부한다는 이유로 한 청년이 앙심을 품고 전 약혼녀의 약혼식장에서 총기를 난사했다. 약혼하는 커플과 하객 등 총 44명이 사망했고 수백 명의 사람들이 가족과 친척을 잃었다. 사건 이후 무덤에 엎드려 울고 있는 젊은 여인과 등에 업힌 아이의 사진이 보도돼 한동안 터키인의 마음을 아프게 했다.

터키의 결혼 풍습

2011년 가을 진도 7.2의 지진이 일어나 폐허가 됐던 터키 동부 반 (Van)시로 가는 길, 일요일 오전부터 왕복 4차선 도로를 달리는 독특한 차량들이 눈에 띄었다. 승합차가 적게는 3대, 많게는 7대가량 줄지어 달리는데, 차량마다 어린아이부터 할아버지까지 남녀노소 할 것

없이 사람들이 빼곡하게 앉았다. 아이들은 차창을 열고 노란색·빨간색 천조각을 휘두르며 신이 났다.

알고 보니 이 차량들은 결혼을 축하하는 하객 행렬이었다. 터키에는 아직까지도 전통방식의 결혼 풍습이 짙게 남아있다. 결혼식 하객 차량은 자가용이나 승합차에 꽃장식과 원색의 천을 둘러 장식한다. 뒤에는 신부집으로 향하는 하객 차량이 잔뜩 늘어섰다. 취재팀은 반으로 가는 도중에 이런 행렬을 4~5번 마주쳤는데, 그중 하나는 차량 7대가 이동하는 성대한 결혼 축하 행렬이었다. 행렬의 두 번째 차에 신랑 신부가 타고, 첫 번째 차 뒷트렁크에는 남자 서넛이 앉아 캠코더로 신혼부부를 촬영했다. 신랑신부가 탄 차 뒤로는 승합차와 스쿨버스에 하객이 가득 탔다.

터키 전통결혼식은 3일 동안 이어진다. 보통은 화요일에 결혼잔치를 시작해 목요일에 끝내거나, 금요일에 시작해 일요일에 끝낸다. 취재팀이 봤던 일요일 오전 행렬은 금요일에 시작한 결혼식인 셈이다.

이희철 터키 공사는 저서 《터키, 신화와 성서의 무대, 이슬람이 숨쉬는 땅》에서 터키의 전통혼례에 대해 자세하게 설명하고 있다. 전통혼례를 올리는 경우는 먼저 신부감을 물색한다. 적당한 규수를 찾으면 신랑될 사람의 어머니와 어머니 친척 또는 친구가 신부될 사람의 집을 방문하고, 예비 신랑어머니가 신부감 어머니에 청혼한다. 양가가 승낙하면 신랑 측에서 신부에게 줄 폐물과 옷가지를 가지고 신부집에 와 약혼식을 치른다. 식이 끝나면 신부가 손님에게 차를 대접하고, 신랑 어머니는 신부 손가락에 반지를 끼워준다. 약혼식에는 신랑 없이 신랑과 신부 어머니 등 여성만 참석하는 것이 특징이다.

결혼식 때 드는 비용은 신랑 쪽에서 부담하고, 식 전 이틀은 잔치준비와 행사로 보낸다. 식 전날 밤에는 신부의 여자친척들과 친구들이 파티를 한다. 신부는 식날 빨간 리본으로 장식한 면사포를 쓰고, 신랑이 보낸 차를 타고 신랑 집에 도착한다.

식 당일에는 공무원 한 명과 신랑신부 측 증인 2명, 신랑신부가 참석하고, 이 5명이 모두 서명해야 부부관계가 성립된다. 약 5~6년 전까지만 해도 공무원이 배석한 결혼식에서 발급되는 부부증이 있어야 호

세련된 모습의 터키 젊은 여성들.

텔 등 숙박업소 투숙이 가능했다고 한다.

　최근에는 한국의 결혼식과 비슷한 현대식 결혼을 택하는 젊은이들도 늘고 있다. 전통식 절차를 생략하고 시청이나 구청에서 결혼식을 치르면 약 10분 내에 식이 끝난다.

투르크의 영광은 재현된다

터키 GDP 1만 달러? 이스탄불은 2만 달러 훌쩍 넘죠

"뉴욕의 타임스퀘어 같네. 정말 사람들이 많구만(This is like Time Square in NY. So many people here)!"

이스탄불의 '명동'같은 존재인 탁심 이스티클랄(Taksim Istiklal) 거리의 토요일 저녁. 보행자 전용인 왕복 4차선 넓이의 길이 가득 찼다. 대부분 젊은이들이다. 2km에 달하는 거리를 가득 메운 인파가 오가는 것을 보던 한 외국인이 탄성을 내지른다.

거리를 둘러보니 양편으로 라코스테, 스와치, 버거킹, 스타벅스, 망고, 아디다스 등 해외 프렌차이즈샵이 늘어서 있다. 아베아, 보다폰 등 이동통신사 매장과 서점, 커피숍, 레스토랑이 즐비하다.

탁심 광장과 갈라타사라이 역을 잇는 거리의 중간쯤에 위치한 데미르외렌 백화점을 들렀다. 2011년 3월에 문을 연 곳이다. 지하 1층부터

인파로 가득찬 이스탄불의 탁심 이스티클랄 거리의 주말 풍경.

지하 3층까지 모두 전자제품 전시장이다. 지하 1층에는 스마트폰, 2층
에는 냉장고와 에어컨, 3층에는 TV가 자리 잡고 있다. 삼성과 LG가
TV전시장의 정중앙에 자리잡고서 '메이드 인 코리아'의 위용을 자랑
하고 있다.

인파는 맥주거리인 네비자데(Nevizade)골목에서 절정에 달했다.
두 사람이 오가도 어깨를 부딪칠 만한 좁은 통로 양쪽에 맥주집이 다
닥다닥 붙어 있는 가운데, 지름이 1m도 안 되는 작은 테이블을 놓고
젊은 남녀들이 맥주를 홀짝이며 대화를 나눈다. 터키 맥주인 '에페스
(Efes)'의 파란색 로고가 가게마다 반짝였다. 터키의 종교가 이슬람이
라는 사실을 까맣게 잊게 만드는 광경이다.

터키는 20세기 초까지 '아시아, 아프리카, 유럽'을 아우르는 대제국의 위용을 뽐냈다. 그러다가 제1차 세계대전 당시 줄(독일 쪽에 가담)을 잘못 서는 바람에 풍전등화의 위기에 놓였고, 오랫동안 세계 역사의 귀퉁이로 내몰렸다. 오랜 기간 잊혀졌던 터키는 21세기 들어 다시 떠오르고 있다. 아시아와 유럽을 있는 가교 역할을 하면서 국제사회의 새로운 강자가 되고 있는 것. 변화한 '탁심 이스티클랄'은 터키의 현재를 보여주는 곳이다.

터키 인구는 2011년 말 기준으로 7,500여만 명. 이 가운데 35세 미만의 젊은 인구가 나라의 63%를 차지한다. 두터운 젊은 계층은 제조업의 주역이자 견고한 소비층이 되어 경제 성장을 떠받친다.

2011년 기준 터키의 1인당 GDP는 약 1만 600달러. 특히 이스탄불과 이즈미트 등 터키 경제의 핵심인 마르마라 지역은 1인당 GDP가 1만 5,000~2만 달러에 육박한다는 이야기도 나온다. 많은 한국인에게 터키는 후진국으로 인식된다. 하지만 '아시안하이웨이 취재팀'의 대장정에서 마지막 국가인 터키는 정치적으로나 경제적으로 강대국이었다.

한국의 외환위기처럼 터키도 2001년 경제·금융위기를 겪었다. 하지만 이후 강력한 인플레 억제정책과 구조조정으로 되살아났다. 2004년 말 당시 환율이 달러당 160만 리라였으나, 2005년 화폐개혁(리디노미네이션)을 통해 '0'을 6개나 떨어내며 달러당 1.6리라로 바꿨다. 이러한 일련의 과정 속에서 터키의 모습은 확 달라졌다. 터키 재무장관인 메흐메트 심섹은 "터키 경제의 기초체력은 매우 좋다. 우리는 일자리를 만들었다. 이자율은 낮고, 은행은 건전하다"고 자부한다.

현재 국가 부채비율이 100%가 넘어 재정위기를 겪는 많은 유럽국가와 달리 터키의 부채비율은 39%에 그치고 있다. 2007년 이후 420만 개의 일자리가 생겨났고, 실업률도 9.9%(2011년 기준)로 주변국에 비해 높지 않은 편이다. 터키 정부가 2011년 11월에 발표한 바에 따르면 2011년 연말까지 터키 수출량은 1,330억 달러로 사상 최고 기록을 경신할 가능성이 높다. 수출의 50%가 유럽에서 발생할 정도로 유럽 의존도가 높지만, 경제위기에도 불구하고 일부 프랑스, 독일 등 일부 국가로의 수출량이 늘었다. 2010년 8.9% 성장에 이어 2011년에도

이스탄불의 환전소.

터키의 높은 기름값을 보여주는 주유소. 4.22리라는 한국돈으로 무려 리터당 2,700원 내외에 해당한다.

8.3% 성장을 기록했다.

이상규 주 터키대사는 "2000년 초반까지만 해도 발전도 후퇴도 없었던 나라가 최근 급속도로 발전했다"고 전했다. 취재팀 일원(김상민 팀장)이 2005년 터키에 들렀음을 상기하며 "도로나 건물이 6년 전과 너무 다르다"고 하자, 현지에서 20년 이상 거주한 이희철 공사는 "맞게 본 것이다. 터키는 최근 6년 새 천지개벽을 했다"고 화답했다.

터키 일간지인 〈자만(Zaman)〉의 앙카라 지국장 압둘라 보즈쿠르트 씨는 "지난 2002년부터 정의개발당(AKP)이 3번 연속 정권을 잡았다. 정치가 안정되니 총리가 인기에 영합하지 않고 경제부문에서 장기적인 계획을 세울 수 있었다"고 강조했다. 레제프 타이프 에르도안

(Recep Tayyip Erdogan)현 총리의 지지율은 선거를 거듭할수록 높아졌다. 2002년 선거에서 39%의 지지율을 이끌어냈던 에르도안 총리는 2007년 선거에 47%, 2011년 6월 치른 세 번째 선거에서는 50%의 지지를 얻는 데 성공했다. 에르도안 총리는 2010년 기준 세계 17위인 터키경제를 공화국 건립 100주년인 2023년까지 10위 안에 올려놓겠다고 공언할 정도다.

보즈쿠르트 지국장은 "에르도안 총리는 이스탄불 시장 시절에 쓰레기 처리와 수질개선 문제 등을 모두 해결했다. 한마디로 표현하면 '위험을 무릅쓰는 정치인(Risktaker)'인데, 결단력 있는 정치로 터키를 이끌고 있다"며 높이 평가했다.

물론 터키 경제라고 문제가 없는 것은 아니다. 가장 큰 문제가 무역적자인데, 이는 에너지가 부족하기 때문이다. 동남부 지역의 바트만 인근에서 원유가 생산되지만 국내 수요의 10%도 감당하지 못할 만큼 부족하다. 그러다 보니 2010년 무역적자가 716억 달러에 달할 정도였다.

보즈쿠르트 지국장은 "터키가 2002년부터 10년간 천연가스와 원유 수입으로 2,730억 달러를 지출했다. 같은 기간 경상수지 적자는 2,700억 달러를 기록했는데, 결국 모두 에너지 때문에 생긴 것과 다름이 없다"고 말했다(실제로 터키는 기름값이 매우 비쌌다. 디젤 자동차를 타고 다니며 주유를 하다 보니 평균 기름값이 리터당 3.83리라 수준이었다. 1리라에 640원 정도라고 계산하면 리터당 2,400~2,500원 수준이다. 한국의 기름값보다 25~30%가량 비싸다는 얘기다).

보즈쿠르트 지국장은 "현재 터키가 유로존에 비해 국가위험도를 나타내는 CDS(신용파산스왑)프리미엄이 낮아 외국 투자를 계속 유치하고 있지만, 장기적으로 이런 적자상태를 계속 끌고 가기는 어렵다"고 분석했다. 저축률이 낮고 수출품목이 단순 제조분야에 한정돼 고부가가치 산업 성장이 더딘 것도 약점이다.

국제통화기금(IMF)은 세계경제전망 보고서에서 터키가 금리를 높이고, 리라가치 하락을 방어하는 대신 외환보유고를 관리해야 한다고 조언한다. 실제로 IMF 측이 전망하는 터키의 2012년 경제성장률은 2.5%다. 유럽 재정위기의 여파로 인해 미래가 밝지는 않다는 얘기다.

하지만 터키는 국토면적 78만 3,562㎢로 한국의 8배에 달하는 땅을

천진난만한 표정의 터키 어린이.

가지고 있다. 농업대국으로 먹거리가 풍부해 자급자족하면서 수출도 한다. 연간 관광흑자도 200억 달러를 넘는다. 터키인들은 독일에 많이 진출해 있는데 약 500만 명으로 추산되는 이들 터키인들이 본국으로 송금하는 돈이 터키 경제에 큰 힘이 되고 있다.

브릭스(BRICs, 브라질 러시아 인도 중국) 다음으로 발전가능성이 높은 나라 6개국을 시베츠(CIVETS, 콜롬비아·인도네시아·베트남·이집트·터키·남아프리카공화국)라 부르는데 그중 최선두주자가 터키다.

터키: 한국, 6.25와 월드컵

월드컵의 열기가 뜨거웠던 2002년 6월 29일 한국과 터키는 3, 4위 결정전에서 맞붙었다. 당시 한국은 터키 선수들에게 연속골을 허용하

앙카라에서 만난 터키 일간지 〈자만〉의 앙카라지국장인 압둘라 보즈쿠르트 씨.

며 2 대 3으로 패했지만 양국 선수들은 어깨동무를 한 채 관중석에 답례했다. 태극기와 터키 국기를 양손에 든 한국응원단을 보고 터키 언론은 "한국은 형제의 나라임을 선포한다"고 보도하기도 했다.

양국의 우호적인 관계는 1950년대로 거슬러 올라간다. 터키는 한국전에 3개 보병 대대와 1개 곡사포 대대, 지원병력 약 5,000여 명으로 구성된 지상군 여단을 파견하는 등 총 1만 5,000여 명의 병력을 보냈다. 대한민국 재향 군인회에 따르면 전쟁 중 740여 명 이상이 전사하고 2,068명이 부상당하는 등 인명손실도 미국, 영국 다음으로 컸다.

터키 수도 앙카라에 위치한 한국공원(코레 파르크)은 이러한 '혈맹'으로서의 양국관계를 상징하는 장소다.

공원 안에는 석가탑을 닮은 4층 석탑이 있고, 양 옆으로는 터키국기와 태극기가 걸렸다. 1973년 건립한 이 석탑 앞에는 '여기 한국에서 헌신한 토이기 용사묘로부터 옮겨온 흙이 담겨있노라'라는 문구가 또렷하다. 탑 사방으로 두른 석판에는 한국전에서 전사한 770명의 이름과 계급, 태어난 해와 근무지, 전사날짜가 적혔다.

혈맹으로 맺어진 한국과 터키는 무역 면에서도 긴밀한 유대관계를 형성하고 있다. 무역협회에 따르면 2011년 한국의 대터키 수출은 50억 8,546만 달러로 전년대비 35.5% 늘었다. 대터키 수출의 증가률은 인도와 이란에 이어 세 번째일 정도로 교역량이 급격히 증가하고 있다. 반면 터키에서 한국으로 오는 수입액은 8억 449만 달러로 무역수

한국과 터키의 우호관계를 보여주는 터키 수도 앙카라의 코레 파르크(한국공원).

지 흑자폭이 무려 42억 달러를 넘는다.

한국은 터키에 자동차와 자동차부품, 무선통신기기, 강판 등을 수출한다. 터키로부터는 의류와 기호식품 등을 들여오지만 수입량이 적어 무역흑자를 기록하고 있다.

한국에서 터키에 직접 투자하는 법인과 개인도 많은 편이다. 1980년부터 2011년 초까지 한국에서 터키에 투자한 금액은 약 7억 8,645만 1,000달러(한화 약 9,044억 원)인 것으로 코트라 측은 집계했다. 이즈미트와 이스탄불 등 터키 서부 지역에는 현대자동차 공장과 효성 공장, 삼성전자 LG전자 한국타이어 등 50여 개 사가 진출한 상태다.

터키에서는 숙련된 고급인력을 비교적 낮은 임금으로 고용할 수 있

터키 이스탄불의 탁심거리 백화점에서 만난 삼성전자 코너.

어 제조업 진출이 활발하다. 효성이스탄불텍스틸의 이천규 법인장은 "터키 근로자는 손재주가 좋고 맡은 일을 꾸준히 성실하게 하기 때문에 생산효율이 높다"고 말했다.

당신은 신의 선물

터키의 동쪽 끝 도우베야짓에서 이스탄불까지 서쪽으로 가로지르는 아시안 하이웨이의 남쪽, 터키의 중심부에는 넴룻산이 우뚝 서있다. 산꼭대기에 아무렇게나 놓인 거대한 머리 석상으로 유명한 곳이다. 여정이 먼 관계로 새벽부터 길을 재촉한 취재팀은 아침 7시경 인근도시 아디야만에 도착해 식당을 찾아 헤맸다. 하지만 이른 시간이라 문 연 식당을 찾을 수 없었고, 남아있던 컵라면을 아침 삼아 먹기로 했다. 문제는 끓는 물이 없다는 것. 취재팀은 현지 가이드의 제안으로 주유소에서 뜨거운 물을 얻어보기로 했다.

사정을 이야기하자 주유소 직원은 뜻밖에도 선뜻 뜨거운 찻물을 내줬다. 그뿐 아니다. 차에서 먹으면 된다는데도 의자가 두 개뿐인 작은 사무실의 자리를 치워 들어오게 했다. 덕분에 아들뻘로 보이는 직원과 사장은 서서 TV를 보고, 불청객인 취재팀이 의자에 앉아 라면을 먹는 진풍경이 펼쳐졌다.

라면을 먹은 후에는 사장이 "차를 한 잔 하겠냐"며 홍차를 내와 차도 얻어 마셨다. 고맙고 미안한 마음에 취재팀이 돈을 건넸지만, 사장은 극구 받지 않았다. "신이 보낸 손님은 잘 대접하는 게 예의다. 돈을 받을 수는 없다."

터키 사람들은 손님을 대접하며 '알라 미사피르(Allah Misafir)' 또는 '탄르 미사피르(Tanri Misafir)'라는 말을 즐겨 쓴다. 직역하면 신의 손님이라는 뜻인데, 신이 보낸 손님이므로 누구든 정성껏 대접한다는 환대의 의미

터키 남동부의 메소포타미아 평원에 위치한 목화밭에서 목화솜을 수확하고 있는 모습.

가 담겼다.

낯선 이에게도 놀랄만한 친절을 베푸는 터키의 손님 접대 전통은 이 나라 곳곳에 숨어있다. 터키의 가게에서 흔히 볼 수 있는 문구 중 하나인 'Welcome to your shop(당신의 가게에 오신 걸 환영합니다)'라는 말도 터키식 손님 접대 전통에서 나왔다. 한국이라면 내 가게 또는 우리 가게에 오신 것을 환영한다고 쓰겠지만, 터키에서는 당신의 가게라고 한다. 영어의 관용적인 표현으로 '(집에서처럼) 편하게 계세요(Make yourself at home)'라고 하듯, 터키에서는 '에비미즈 씨진 에비니즈(Evimiz sizin eviniz)'라는 표현을 쓴다. 터키어로는 집을 '에브'라고 한다. 일단 손님이 들어오면, 이 집 역시 손님의 집이라는 뜻이다. 앙카라로 향하던 도중 묵었던 숙소 주인 역시 영어로 "여기는 내 집이고, 이제는 당신 집입니다. 지금은 우리 모두의 집이지요"라고 말하며 손수 만든 아침식사를 대접했다. 늘상 하는 표현이라고 설명을 듣고 난 후에도 그 친절한 터키식 인사에 마음이 따뜻해졌다.

유적이 많은 터키. 고대 유적지인 핫산키에프의 오래된 다리 흔적.

커피 한 잔 마시면 결혼

시리아 접경지대인 터키의 동남부 지역을 여행하다보면 "커피를 마시겠느냐"는 말을 종종 듣게 된다. 이 커피는 보통 '네스카페'라고 부르는 일반적인 원두커피와 다른, 매우 진한 커피다. 물부리가 좁고 긴 주전자로 에스프레소 잔의 반절 정도 되는 조그만 잔에 커피를 따르는데, 갑자기 들이키다가는 입을 데기 십상이다. 손님 접대를 할 때 집주인은 커피 주전자를 내와 손님의 빈 잔을 몇 번이고 계속 채워준다. 액체 색은 에스프레소 같지만 무척 진해 맛은 거의 한약에 가깝다.

아랍식 커피를 마실 때는 커피를 한 모금 마시고, 바로 잔을 내려놓으면 안 된다. 잔을 내려놓으면 당장 "우리 딸을 데려가라"는 주인장의 농담을 듣게 된다. 남성에게 커피를 대접한 사람이 여성이라면 "엄

손님을 접대하기 위해 잘 구운 고기를 잘라 케밥을 만들어내는 식당의 아저씨.

청난 지참금을 내고 나와 결혼하라"는 이야기가 나온다. 샨리우르파 (Sanliurfa)에서 미리 이 이야기를 듣고 간 취재팀은 몇 번이고 잔을 채우면서도 잔을 내려놓지 않아 주인장이 의아해했다.

식후에 마시는 터키커피(Turkish Coffee)는 전통 혼례를 진행하는 과정에서 신랑신부의 의중을 알려주는 메신저 역할을 하기도 한다. 혼담이 오가 예비신부집에 예비신랑 어머니와 친구가 찾아왔을 때, 신부는 차나 커피를 내온다. 커피 맛이 좋을수록 신부가 예절바르고 교육을 잘 받은 솜씨 좋은 신부감이 된다. 이 커피를 신랑 측 손님들이 다 마시면 예비신부가 마음에 든다는 뜻을 표현한다.

만약 이때 신랑이 마음에 들지 않으면 신부는 커피에 설탕 대신 소금을 잔뜩 넣는다. '결혼을 거절하고 싶다'는 의사를 전달하는 것. 희한한 맛의 커피를 마시면 신랑 어머니는 금세 '결혼이 내키지 않는구나' 하고 알 수 있지만, 그럼에도 불구하고 혼담을 진행하고 싶다면 소금커피라도 모두 비우면 된다고 한다.

손님 집에서 커피를 대접받으면 커피를 다 마시고 커피점을 봐주기도 한다(이희철, 터키 신화와 성서의 무대, 이슬람이 숨쉬는 땅). 컵 밑바닥에 남은 커피가루를 이용하는 마음읽기인데, 커피잔을 커피받침 위에 올려놓고 뒤집은 후 세 번 돌리고 5~10분 기다린다. 커피잔 밑바닥에 남은 커피가루가 커피잔 위쪽으로 흘러내리면서 안쪽에 모양이 생기는데, 이 모양을 읽는 점이다.

유럽을 향하여

보스포러스 해협을 건너면서

터키가 아시아의 끝 유럽의 시작, 또는 아시아와 유럽의 다리 역할을 한다고 이야기하는 이유는 터키의 지정학적 위치 때문이다. 터키가 속한 아나톨리아 반도는 왼쪽으로는 EU 가입국인 불가리아와 오른쪽으로는 유라시아 대륙인 이란 등과 국경을 접하고 있다. 특히 경제와 문화의 중심지인 터키 제1의 도시 이스탄불이 이 양쪽 대륙을 아슬아슬하게 이어준다.

이스탄불은 바다를 사이에 두고 아시아 쪽에 붙은 동이스탄불과 유럽 쪽에 붙은 서이스탄불로 나뉜다. 축구를 사랑하는 팬이라면 터키의 축구 열기도 들었을 터. 터키에서 가장 유명한 프로축구팀 중 하나인 페네르바체는 동이스탄불에 있으며 갈라타사라이와 베식타스는 서이스탄불에 있다.

이스탄불의 북동쪽 흑해와 남서쪽 마르마라해를 구분하는 이 좁은 해협의 이름은 '보스포러스'다. 길이는 30km이고, 폭이 가장 좁은 곳은 750m가량 된다. '보스포러스'란 명칭은 그리스 신화에서 비롯됐다. 최고의 신 제우스가 님프(요정)인 이오에게 사랑을 느끼자 아내인 헤라가 질투를 한다. 제우스는 이오를 암소의 모습으로 바꿔어 헤라에게 맡겼는데, 헤라는 이를 알고 이오를 괴롭혔다. 이오는 참다못해 바다를 건너 도망쳤는데, 보스포러스는 그리스어로 '암소가 건너다'라는 의미를 갖고 있다. 해협 이름이 바로 신화에서 유래한 것임을 알 수 있는 대목이다.

이스탄불을 양쪽으로 나누는 이 해협은 서울의 한강과 비슷하다. 해협을 중심으로 유럽에 가까워 일찍 개발된 서이스탄불과 현대적인 상점과 신흥주거지가 들어서기 시작한 동이스탄불이 마치 한강을 중심으로 나뉘는 서울의 강북과 강남과 흡사하다.

두 개의 이스탄불을 잇는 첫 번째 다리는 보아즈이치(제1대교)로, 1973년 터키공화국 수립 50주년을 기념해 현수교로 건설했다. 당시 2,200만 달러를 투입해 건설했으며, 해수면에서 64m를 띄운 형태다. 양방향 6차선인 거대한 다리로, 지금은 차량만 주행이 가능하고 사람은 건너지 못한다. 완공 후 2년은 일반인들이 다리를 오갈 수 있었지만 이후 사람들의 자살시도가 잇달아 보행이 금지됐다.

두 다리 중 북쪽으로 가로지르는 술탄 메흐멧 다리(제2대교)는 2층 구조다. 1층에는 레스토랑과 카페가 들어섰고 차량이 다니는 2층 다

서 유럽으로 넘어가는 태양의 궤적. 보스포러스해협의 일몰은 아름다웠다.

리 곁으로는 인도가 놓여있는데, 걷는 사람보다 물고기를 잡으려 낚싯대를 드리운 사람들이 더 많을 정도다.

많은 사람들이 해협을 오가며 출퇴근하는데, 해협을 건너는 다리는 단 두 개뿐이라 아침 저녁으로 차량정체가 극에 달한다. 교통체증이 심한 출퇴근시간에는 차량을 싣고 해협을 건너는 배를 타려는 사람들도 많다. 통계에 따르면 제1대교 통행량이 하루 18~19만 대, 제2대교 통행량이 20만 대가량으로 집계됐다.

날로 심각해지는 교통체증 때문에 이스탄불 시에서는 제3다리를 추가로 건설하려는 계획을 세우고 있다. 제3대교는 두 다리의 통행량을 분산시키기 위해 10조 원을 투입해 건설된다.

제3대교 외에도 이스탄불 아시아와 유럽지역을 해저 고속도로로 연결하는 유라시아 터널공사도 진행 중이다. SK건설은 이즈미르에서 북쪽으로 400km 지점으로 연결되는 고속도로와 해저터널을 잇는 프로젝트에 참여하고 있다. SK건설은 터키현지기업 야프메르케지사와 합작해 2008년 입찰을 따냈다. 터키 현지 유력지인 자만지에 따르면 유라시아터널공사로 이스탄불의 유럽과 아시아지역이 해저 5.4km 길이 터널로 연결되며, 접속도로까지 포함해 공사 구간은 총 14.6km에 이른다. 완성되면 터널 구조물로는 세계에서 6번째 규모를 기록하게 될 예정이다.

유럽으로 가는 길

이스탄불 시내에서 '아시안하이웨이 1번 도로(AH1)' 종착지인 카피퀄레를 향해 출발한 시간은 아침 8시였다. 출근길을 서두르는 터키인들이 중앙차로를 오가는 메트로버스로 출근하는 모습이 눈에 띄었다. 이스탄불 공항을 지나는데 비행기가 바로 머리 위에서 떠오른다. 수많은 관광객이 오는 이스탄불을 생각할 때 그리 크지 않다는 느낌이다.

오전 8시 40분경 고속도로에 진입했다. 잘 닦여진 왕복 6차선 도로를 차들이 막힘없이 달렸다. 공원이 여기저기 보이는 도시를 지나는데 분당처럼 이스탄불의 위성도시인 바첼쉐히르다. 낚시를 즐기고 산책을 하는 모습이 여유로워 보였다.

8시 50분쯤 되자 국경도시인 에디르네까지 200km라는 표지판이 나오고, 도로는 왕복 4차선으로 줄었다. 아시아와 유럽에 걸쳐있는 터키에서 유럽부분은 전 국토의 3%에 불과하다는 얘기를 들었지만, 에디르네까지 거리를 생각하니 적지 않은 넓이임을 실감할 수 있었다. 주변도 군데군데 작은 숲만 빼면 모두 비옥한 농토다. 나중에 "터키 영토의 3%에 불과하지만 땅이 워낙 비옥해 이 들판에 농사를 지으면 전 터키인들이 먹고 산다"는 얘기를 들었다.

실리브리(Silivri)란 도시를 지나쳤다. 터키에서 여러 가지 얘기가 나오는 '크레이지 프로젝트(Crazy Project)'의 현장이다. 크레이지 프로젝트의 핵심은 흑해와 지중해를 연결하는 유일한 통로인 보스포러스해협이 비좁은 만큼, 파나마나 수에즈운하보다 더 길어질 수 있는 운하를 만든다는 계획이다. 2011년 4월 레제프 에르도안 총리의 3번째 집권을 위한 공약으로 공표됐다.

계획에 따르면 북쪽의 흑해와 지중해로 가는 중간 통로인 마르마라해를 연결하는 48km 안팎의 운하를 만든다는 것. 보스포르스해협으로는 하루에 149척의 유조선이 천연가스, 원유, 화학물질, 산업재 등을 실어 나르는 데 그 대안을 만든다는 얘기다. 에르도안 총리는 넓이 500피트, 깊이 80피트 정도인 운하가 일자리를 창출하고 보스포러스해협을 보호해주는 역할을 할 것이라고 주장한다. 실리브리에는 붐비는 이스탄불 공항을 대체할 신공항이 세워진다는 것도 크레이지 프로젝트에 포함돼 있다. 에르도안 총리는 발표 당시 "운하계획이 2년가량 걸리며, 외국인 투자와 국내 재원으로 건설비용을 댈 수 있다"고

터키를 얘기할 때 절대 빼놓을 수 없는 인물인 터키의 '국부(國父)' 아타튀르크의 모습.

강조했다. 운하가 기존 흑해와 지중해의 생태계를 교란시켜 재앙을 불러일으킬 것이라는 얘기도 있지만, 어찌됐든 대단한 발상인 것은 분명해 보인다.

자동차를 계속 몰아 에디르네에 이르렀다. 안개가 자욱한 가운데 길은 4차선으로 좁아졌다. 표지판을 보니 왼쪽으로 유나니스탄(Unanistan), 직진으로 불가리스탄(Bulgaristan)이 표시돼 있다. 불가리스탄이야 불가리아의 터키식 표현인줄 짐작했지만, 유나니스탄은 무엇일까? 거기는 그리스 방향인데. 현지인에게 물어보니 터키인들은 그리스를 '유나니스탄'으로 부른다고 알려줬다.

에디르네는 과거 아드리아노플로 불린 유서 깊은 도시다. 터키의 영광을 상징하며 아시아, 유럽, 아프리카에 대제국을 건설한 오스만투르크는 초대군주인 오스만에 이어 2대 군주인 오르한 시절 부르사를 수도로 정한다. 1326년 수도가 된 부르사는 이스탄불에 면해 있는 마르마라해의 남쪽에 있는 도시로 '녹색의 부르사'로 불리며 온천이 유명하다. 그러나 오스만투르크는 난공불락의 요새인 이스탄불(당시는 동로마제국 수도인 비잔티움)을 정복하지는 못했다. 그래서 이스탄불을 놔두고 유럽으로 새력을 넓혀가는데, 이를 위해 수도를 에디르네로 옮겼다.

에디르네는 한적했다. 오스만 제국이 이스탄불을 점령한 후 수도를 옮겨가면서 줄곧 녹슬어온 세월의 탓이다. 그래도 과거의 영광을 보여주는 명소가 있으니 바로 셀레미예 자미다. 셀레미예 자미는 술탄

셀림2세의 명으로 1575년 완공됐다. 8개의 기둥으로 지탱되는 대형 돔의 직경은 31m를 넘어 이스탄불의 명물인 아야소피아성당(31m) 이상의 크기로 평가된다. 4개의 미나레(외곽에 세워진 기둥)와 균형도 절묘하다. 셀레미예 자미는 오스만제국의 대건축가 '미마르 시난'에 의해 세웠는데 그는 1538년 '건축가의 장'으로 임명받은 후 100세에 가까운 고령으로 사망할 때까지 일했다. 그의 감독 하에 지어진 자미(사원), 신학교, 숙소, 교량 등이 500곳을 넘는다. 그가 가장 자부심을 보이고 아낀 건축물이 바로 셀레미예 자미다(시난이 1557년 완성한 이스탄불의 슐레이마니예 자미는 지진 때 균열조차 생기지 않았다고 한다).

불가리아 국경을 넘자마자 마주친 환전소. 불가리아는 유럽연합에 속해 있지만 화폐는 유로 대신 자국통화인 레바를 사용한다.

유럽풍의 냄새가 배어있는 에디르네를 지나 카피퀼레까지는 20분도 채 걸리지 않는다. 핸드폰을 보니 '그리스, 음성발신 한국에 분당 1,980원하는 메시지'가 뜨고, 6분 후에는 '불가리아, 음성발신 한국에 분당 2,270원하는 메시지'가 잡힌다. 도로가 그리스와 불가리아 국경선과 거의 비슷하게 가고 있음을 보여주는 표시다.

취재팀이 낮 12시경 도착한 곳은 AH1이 끝나는 카피퀼레(KAPIKULE). 터키와 불가리아의 국경선이다. 표지판을 보니 터키어, 영어, 독일어, 불어, 불가리아어 등 5개국 언어로 '안녕히 가세요(Googbye, 터키어로 귤레귤레)'가 쓰여 있다. 반대편 차선을 보니 역시 '환영합니다(Welcome)'란 표시가 5개 국어로 되어 있다.

인천항에서 배를 타고 단둥으로 출발한 후 카피퀼레에 도착할 때까지 걸린 날짜는 총 94일. 취재할 때 이동거리까지 감안하면 약 2만

불가리아에서 마주친 트럭행렬. 터키로 들어가려는 트럭들이 줄지어 서 있다.

불가리아에서 점심을 즐기는 취재팀, 농업국답게 음식은 값싸고 풍성했다.

7,000km를 자동차로 달렸다. 긴 여정을 끝내고 나니 뿌듯하면서도 왠지 허전한 느낌까지 드는 것은 왜일까?

아직도 해가 많이 남아 있기에 국경선을 넘어 불가리아로 가보기로 했다. 그런데 국경선을 담당하는 터키 관리가 취재팀 차량으로는 넘지 못하며 오로지 허가된 차량만 타야 한다고 우겼다. 법을 지켜야 하니 어쩔 수 없는 노릇이었다. 한참을 기다리다가 결국 국경을 쉽게 오가는 택시를 빌려 탔다. 에디르네택시 소속의 택시 기사는 본인을 '무스타파'라고 소개하며, 원래 불가리아땅에서 태어난 터키인인데 지금도 양쪽 나라에 모두 친척들이 있다고 전했다. 그의 안내를 받아 국경선을 넘으니 세관 승인을 기다리는 화물차들이 줄지어 서 있다. 가만히 보니 터키로 오는 차량들이 훨씬 더 많았다. 불가리아는 농업국인 반면 터키는 최근 급속도로 성장하는 신흥경제국인 만큼 아무래도 터키 중심으로 경제가 돌아가는 느낌이었다.

불가리아에서 여권이 입국 승인도장을 받은 후 최우선적으로 한 일은 환전이었다. 불가리아는 유럽연합(EU)에 속해 있지만 주로 자국통화인 레바(leva, 화폐단위는 LV)를 사용하기 때문이다. 100유로를 바꾸니 200레바 넘게 건네줬다. 취재팀은 이어 택시로 국경선에서 가장 가까운 소도시인 스비네르파란 곳을 들렀다. 가면서 보니 군데군데 교회가 보인다. 마침내 이슬람의 땅을 벗어나 동방정교회가 대부분을 차지하는 유럽국가에 왔음을 보여주는 상징이다.

스비네르파에서 늦은 점심을 한 후 다시 터키 국경을 넘으니 오후 4시가 약간 넘었다. 그렇게 아시아의 끝인 터키와 유럽연합의 시작인 불가리아의 국경은 쉽게 오갈 수 있는 '거침없는 길'이었다.

 기가막혀

돼지고기 사러 국경 넘어

아시안하이웨이 종착점인 터키의 카피큘레, 불가리아와의 접경지역인 이곳에서는 경찰복장의 여성이 차량을 멈춰 세운다. 불가리아를 넘어갔다가 되돌아온 취재팀이 탄 택시도 예외가 아니다. 택시 운전기사인 무스타파 씨도 얌전히 차에서 내려 트렁크를 열었다. 앞을 보니 서너 대의 차량이 트렁크를 연 채 검사를 받고 있었다.

터키와 불가리아 국경의 통관 검사는 여느 국경에서 볼 수 있는 허술한 검사와는 다르다. 마약은 없는지, 이슬람 법에 어긋나는 돼지고기나 양주 등이 밀반입되지 않는지 트렁크를 열고, 비닐봉지와 가방까지 꼼꼼히 검사한다. 이스탄불의 맥주거리 등에서는 터키의 에페스 맥주나 밀러 등 외국 수입맥주를 판매하지만, 일반 상점에서는 맥주 외 술은 잘 팔지 않는다. 이슬람 국가인 터키에서는 돼지고기 역시 구할 수 없는 품목 중 하나다. 하지만 터키도 다른 국가와 달리 개인적으로 가정에서 먹고 마실 술이나 돼지고기에 대해서는 그리 까다롭게 굴지 않는다. 취재팀도 불가리아에서 그날 저녁 만날 한국인을 위해 돼지고기와 포도주를 약간 샀는데 아무런 문제가 없었다.

실제 한국 교민들은 돼지고기를 사러 이스탄불에서 북서쪽으로 3시간

아시안하이웨이 1번 도로의 종점인 카피쿨레에서 대장정을 마치고 화이팅을 외치는 취재팀. 오른쪽부터 김상민 부장, 이유진·김호영 기자.

가량을 달려 그리스나 불가리아에 다녀오기도 한다. 밀봉된 돼지고기로 터키 현지에서 팔만한 양이 아닌, 외국인이 가정에서 조리할 정도의 양은 세관을 통과할 수 있다. 하지만 현지 운전기사 등이 거짓말로 품목을 속이면 단번에 물품을 빼앗기게 된다.

아시안하이웨이2

초판 1쇄 2012년 4월 25일
2쇄 2012년 5월 25일

지은이 매일경제 아시안하이웨이팀
펴낸이 윤영걸 **담당PD** 이윤경 **펴낸곳** 매경출판㈜
등 록 2003년 4월 24일(No. 2-3759)
주 소 우)100-728 서울 중구 필동1가 30번지 매경미디어센터 9층
홈페이지 www.mkbook.co.kr
전 화 02)2000-2610(편집팀) 02)2000-2636(영업팀)
팩 스 02)2000-2609 **이메일** publish@mk.co.kr
인쇄 · 제본 ㈜M-print 031)8071-0961

ISBN 978-89-7442-817-4
값 18,000원